# 工会创新方法论

## 基于TRIZ的理论赋能与创新案例分析

张晓莹 编著

中国工人出版社

**图书在版编目（CIP）数据**

工会创新方法论：基于TRIZ的理论赋能与创新案例分析 / 张晓莹编著. -- 北京：中国工人出版社，2025. 3.

ISBN 978-7-5008-8689-1

Ⅰ. D412.6

中国国家版本馆CIP数据核字第2025D8T810号

工会创新方法论：基于TRIZ的理论赋能与创新案例分析

| | |
|---|---|
| **出 版 人** | 董　宽 |
| **责任编辑** | 李滢洁 |
| **责任校对** | 张　彦 |
| **责任印制** | 栾征宇 |
| **出版发行** | 中国工人出版社 |
| **地　　址** | 北京市东城区鼓楼外大街45号　邮编：100120 |
| **网　　址** | http://www.wp-china.com |
| **电　　话** | （010）62005043（总编室）<br>（010）62005039（印制管理中心）<br>（010）62382916（工会与劳动关系分社） |
| **发行热线** | （010）82029051　62383056 |
| **经　　销** | 各地书店 |
| **印　　刷** | 三河市国英印务有限公司 |
| **开　　本** | 880毫米×1230毫米　1/32 |
| **印　　张** | 8.625 |
| **字　　数** | 177千字 |
| **版　　次** | 2025年6月第1版　2025年6月第1次印刷 |
| **定　　价** | 48.00元 |

# 目　录

| 第一章 |

# TRIZ 与工会工作

## 第一节 TRIZ 的起源与发展

创新是人类文明进步的动力，是社会经济发展的源泉，人类发展的历史就是一部创新史。认识创新、了解创新对人类文明的发展具有重要的意义。工会工作也不例外，需要不断创新，以适应新时代新要求。近年来，全国总工会和各级工会不断发布的创新案例，就是工会工作的创新探索与实践。

“创新”这一概念由美籍奥地利经济学家熊彼特首先提出。1912 年，熊彼特在《经济发展理论》一书中首次使用了“创新”（innovation）一词，并将其定义为“新的生产函数的建立”，即“企业家对生产要素之新的组合”。创新包括技术创新与组织管理创新。具体来说，创新包括以下五种情况：引入一种新的产品、采用一种新的生产方法、开辟一个新的市场、获得一种原料或半成品的新的供给来源、实行一种新的企业组织形式。

创新并不一定是产生全新的东西，旧的内容以新的方式结合，也可以是创新。需要注意的是，创新一定是引入了新的元素，简单地把旧事物加以包装不是创新，充其量只能叫作翻新。

创新需要有创新思维与创新方法。创新思维是以新颖独特的方式对已有信息进行加工、改造、重组，从而获得有效创意的思维活动。创新思维具有开拓性和独创性、灵活性与发散性、探索性与风险性、开放性与伸展性、综合性与概括性。

TRIZ 是一种专门研究创新的工具与方法。TRIZ 是拉丁文 Teoriya Resheniya Izobretatelskikh Zadatch 的缩写，意为“解决发明创造问题的理论”，英译为 Theory of Inventive Problem Solving，中文译为“萃智”。TRIZ 起源于 1946 年，是苏联专家阿奇舒勒建立的一整套体系化的解决发明创造问题的方法，广泛应用于工程技术领域。

阿奇舒勒自幼喜欢发明创造，14 岁时就获得了首张专利证书，专利作品是水下呼吸器。在实践中他体会到发明创造是有规律可循的。从 1946 年开始，阿奇舒勒对不同工程领域中的大量发明专利进行研究、整理、归纳和提炼，并在此基础上建立了一套解决发明问题的方法。为了验证这一方法，他相继做出了许多发明创造，如获得苏联发明竞赛一等奖的排雷装置。

1948 年 12 月，阿奇舒勒给斯大林写了一封信，指出苏联缺乏创新精神，发明创造处于混乱的状态。这封信给他带来了灾难，他被判刑 25 年。直到 1953 年，斯大林去世，阿奇舒勒方才获释。在以后的时间里，他将全部精力放在 TRIZ 的研究和完善上。1970 年，阿奇舒勒创办了一所 TRIZ 理论研究和推广学校。在他的倡导下，苏联的研究机构、大学和企业组成 TRIZ 研究团体，分析了世界上约 250 万份高水平发明专利，建立了一个由创新开发的各种方法、算法组成的综合理论体系——TRIZ 理论体系。利用 TRIZ，设计者能够系统地分析问题，快速找到问题的本质或者冲突，准确地发现产品设计中需要解决的问题，找到创新性的解决方案。阿奇舒勒因此一举成名，TRIZ 也被认为是“超级发明术”。在苏联解体之前，TRIZ 一直是国家机密，在军事、工业、航空航天等领域均发挥了巨大作用。苏联解体后，大批 TRIZ 专家移居欧美地区，将该理论传播到世界各地。目前国际 TRIZ 协会在全球 10 多个国家和地区拥有 30 余个成员组织，数千名 TRIZ 专家。

TRIZ 理论的提出源于以下认识：第一，不同领域的发明用到的原理（方法）并不多，许多不同时代的发明和不同领域的发明都是反复利用相同的原理（方法）；第二，每条发明原理（方法）并不限定应用于某一特定领域，而是适用于不同领域的发明创造和创新；第三，类似的冲突或问题与其解决原理在不同的工程及科学领域重复出现；第四，技术系统进化的模式（规律）在不同的工程及科学领域有相同或相似的表现；第五，创新设计所依据的科学原理（方法）往往属于其他领域。

朝鲜战争期间，苏联的新战机米格 -15 首次投入实战，美国也推出了喷气式歼击机 F-86“佩刀”。这两种新飞机是在不同的国家，由不同的研发人员，在彼此完全保密的状态下研制出来的。然而，当这两架飞机在空中相遇时，人们发现它们的外形惊人地相似，甚至很多零部件也大致相同。这就是隐藏在产品背后的技术系统进化客观规律作用的结果。类似的例子还有很多。例如，现代的汽车、高铁、机床、风电设备、高清电视和智能手机等高科技产品，不论是哪个厂商研发的，只要是同一档次的产品，在外观、结构、操作方式和主要功能等方面都高度相似。

可见，大量发明面临的基本问题和矛盾（TRIZ 称之为“技术冲突和物理冲突”）是相同的，只是技术领域不同而已。将相关知识进行提炼和重组，形成一种系统化的理论，就可以指导发明创造、创新和开发。正是基于这一思路，TRIZ 明确提出了解决问题的方法和途径。

实践证明，TRIZ 不仅适用于工程领域，对其他领域也颇有启发，如自然科学、社会科学、管理科学、生物科学等。由于 TRIZ 的实用性和有效性较强，国内外许多大学都开设了相关课程，许多企业也引进了该理论，作为工程师解决技术问题的宝典和引导职工创新创造的有效手段。

在引进国外创造学理念的基础上，中国学者提出了具有中国特色的创造方法，其中具有典型代表性的有袁张度提出的“集思广益法”，许立言、张福奎以检核表法为基础提出的“和田十二法”，许国泰以组合技法为基础提出的“信息交合法”，张光鉴提出的“相似法”，以及刘仲林提出的“臻美法”等。

TRIZ 对工会工作具有一定的启发与借鉴意义，可以作为工会工作创新的一种有益尝试。近年来，工会工作的许多创新案例都是“日用而不觉”地运用 TRIZ 的结果，其过程也与这一理论高度契合。依照 TRIZ 总结出的创新方法论，工会工作创新不仅可以“知其然”，还可以“知其所以然”。

早在 20 世纪 80 年代，创新理论已在工会领域得到应用。例如，中国机械冶金建材工会在机械系统职工中开展创造学培训。近年来，沈阳市国防工会引入 TRIZ 进行培训，推进劳模创新工作室建设，成为助推新质生产力发展的重要力量。这些创新工作室构成联盟体系，开展“揭榜挂帅”活动，聚焦破解“卡脖子”问题，实现跨界集智攻关，共征集各类难题 500 余项，其中 130 多个难题被破解，实现经济效益总额超过 2 亿元。

TRIZ 的主要内容与思维方式与工会工作中的合理化建议、技术革新、岗位创新、职工“五小”活动等有着高度相通之处。中国机械冶金建材工会在这方面有长期成功的实践，也积累了丰富的经验。

1984 年，上海第三钢铁厂工会邀请创造学者许立言为干部职工举办“创造设想培训班”。培训班共 41 期，921 名骨干参加。职工围绕生产难题组织了 462 次创造设想开发会，运用“智力激励法”“缺点列举法”“希望点列举法”“特性列举法”等创造方法，共提出各种设想 1477 条，形成合理化建议 931 条，最终采纳 731 条，实施 620 条，实现经济效益 488 万元。

1985 年 7 月，中国机械冶金建材工会在沈阳举办研究班，介绍创造学基本知识，提出“运用创造学促进群众合理化建议、技术革新活动起飞”的口号。1986 年 6 月，中国机械冶金建材工会在大连举办“合理化建议工作研究班”，进一步介绍了创造学的内容，并向学员介绍了创造技法的实际运用情况。

1986 年至 1987 年，中国机械冶金建材工会在 20 多个大中城市举办了 40 余次创造学讲座和培训班，培训了约 4000 名骨干。1987 年，全国机械冶金产业系统有 10 多家企业相继成立了创造学组织。

1988 年 6 月，机械系统创造学研究推广协会成立。据 26 个省市产业工会不完全统计，机械职工提出建议 130 万余条，创造价值 5.4 亿元。通过创造学的传播、推广和运用，一大批职工培养了创造意识、提升了创造能力，推动了合理化建议和技术革新工作的发展。

1992 年 1 月，全国总工会技协、中国职工电教中心、中国机械冶金建材工会共同出版《创造学基本知识》。同年 3 月，《创造学基本知识》被拍成电教片，作为全国职工创造学培训通用教材向全国推广。1993 年 7 月，中国机械冶金建材工会总结学习运用创造技法的成效，写出调查报告《学习创造学、运用创造技法充分发挥广大职工创造力》，上报全国总工会书记处，受到肯定与好评。

## 第二节 TRIZ 的主要内容

TRIZ 的主要内容大致包括八个方面。

### 一、技术系统进化法则

技术系统进化法则包括提高理想度法则、完备性法则、能量传递法则、协调性法则、子系统的不均衡进化法则、向超系统进化法则、向微观级进化法则、动态性和可控性进化法则等一系列法则。

要了解这些法则，先要搞明白什么是系统。系统论的创始人贝塔朗菲说："系统可以定义为相互关联的元素的集合。"我国著名的系统科学家钱学森认为："所谓系统，是由相互制约的各个部分组成的具有一定功能的整体。"任一系统都是由若干元素组成的整体，也就是说，单一元素不是系统，必须有两个或两个以上元素才能组成系统。系统不是元素毫无联系的、偶然的堆积，系统中各组成元素必须处于一定的相互关系之中。如果用化学物质来比喻，系统就是化合物，系统的结构就是这一化合物的分子式，也就是系统中各组成元素相互结合的方式，或者说是各组成元素之间相互关系和相互作用的总和。

所有的系统都处于一定的环境之中。系统的环境是与系统发生相互作用的所有事物的总和。系统具有相对独立性，环境对系统的存在和发展有极大影响——为系统提供生存条件，对系统进行选择，加速或延缓系统的发展过程。每个系统都具有一定的行为和功能。系统的行为和功能是描述系统整体的形态及其同环境相互关系的范畴。控制论创始人维纳认为，系统的行为是一个系统相对于它的环境作出的变化。一个系统可以从外部感知的任何变化，都可以称作行为。系统的功能也是描述系统与环境关系的范畴，可以理解为系统在环境中表现出来的某种作用和能力，或系统对环境变化作出的反应。

系统是有边界的。系统与环境之间存在边界；系统内部，子系统与整体系统之间存在边界，一个子系统与其他子系统之间也存在边界。系统边界一方面将系统与环境区分开，另一方面又将系统和环境通过输入输出的方式联系起来。

TRIZ 的研究对象是技术系统。阿奇舒勒认为，技术系统符合上述系统的一切特征，也同样面临着自然选择，优胜劣汰。技术系统除了具有基本的配置，各部分之间还存在着能量的传递。能量传递法则指能量能够从能量源流向技术系统中的所有元件。如果技术系统的某个元件接收不到能量，那么整个技术系统就不能执行其有用功能，或者实现的有用功能不足。TRIZ 正是要解决这一问题，增强系统的有用功能。提高能量传递效率一般可采取以下措施：一是提高系统各部分的传导率；二是减少能量转换的形式；三是缩短系统各部分间的能量传递路径。这也是我们引入工会领域，指导工会工作创新的理论法则。一个理想系统的状态是“不花成本、不耗资源、没有危害，能够实现所需功能”，这好比是“既要马儿跑得好，又要马儿不吃草”。虽然这样的物理实体并不存在，但这个进化趋势是客观存在的。

对理想系统状态的追求产生了“单系统”“双系统”“多系统”“超系统”的概念。技术系统沿着“单系统→双系统→多系统→超系统”的方向进化，将原有的技术系统与另外的一个或多个技术系统进行组合，形成一个新的、更复杂的技术系统。这时，原有的技术系统可以看作新技术系统的一个子系统，而新的技术系统就是原有技术系统的超系统。生活中我们可以看到一个单系统与另一个单系统组合，形成一个双系统，例如，将橡皮与铅笔组合，形成带橡皮头的铅笔；也可以看到一个单系统与几个单系统或者与一个更复杂的技术系统组合，形成一个多系统，例如，将剪刀、镊子、平口刀等组合在一起，形成瑞士军刀，等等。

工会工作可以看作一个系统，也面临着发展与进化，这就是工会工作深化改革与创新。而且，这一系统也在由单系统向多系统进化。除了工青妇组织团结协作，近年来工会又出现了引领社会组织，共同服务职工，构建和谐劳动关系的态势。各级工会已经有了大量丰富的实践，创新案例层出不穷。

## 二、最终理想解

最终理想解是指在解决问题之初，抛开各种客观限制条件，理想化地定义问题的最终解决方案，这与物理学中的“质点”、化学中的“理想反应状态”等概念类似。理想化是科学研究中创造性思维的基本方法之一，是在建立理想模型的基础上，通过理想实验的方法来研究客观运动规律。理想度越高，现实理想解就越接近理论上的最终理想解。

在 TRIZ 中，理想度的公式如下：

$$I=\frac{\sum B}{\sum H}$$

式中，$I$（Ideality）为理想度；$B$（Benefits）为有用功能；$H$（Harm）为有害功能；$\sum B$ 为有用功能之和；$\sum H$ 为有害功能之和。

从理想度的公式可以推断，提高理想度有以下几种方式：一是增大分子的同时减小分母，获得有用功能的加强；二是分子、分母同时增加，分子的增速高于分母的增速，即有用功能的增长超过有害功能的增长；三是锁定分母，增大分子，即在限定有害功能的同时增加有用功能；四是锁定分子，减小分母，即实现对有害功能的预防、减少、移除或消除。

工会工作的最终理想解是中国工会十八大报告指出的，坚持以习近平新时代中国特色社会主义思想为指导，深入贯彻习近平总书记关于工人阶级和工会工作的重要论述，全面落实全心全意依靠工人阶级的根本方针，组织动员亿万职工为全面建设社会主义现代化国家、全面推进中华民族伟大复兴而团结奋斗。工会工作最终理想解的现实路径，概括说来，就是当前全国总工会作出的“559”工作部署。实现这一最终理想解并不容易，各级工会有大量的工作要做。

## 三、40 条发明原理

阿奇舒勒对大量专利进行研究、分析和总结，发现重要的发明专利通常都是利用了某种科学原理或效应，每一个效应都可能是一大批问题的解决方案，或者说，用好一个效应，就可以获得多项专利。例如，爱迪生在其 1023 项专利里只用到了 23 个效应；飞机设计大师图波列夫的 1001 项专利里只用到了 35 个效应。为此，阿奇舒勒提炼出了 TRIZ 中最重要的、具有普适性的 40 条发明原理，用于解决系统中存在的技术矛盾和物理矛盾，为一般发明问题的解决提供了强有力的工具。

工会工作是一门科学，也是有规律可循的。一项工作、一个原则可以引发多方面的创新创造。例如，工会工作品牌“送温暖工程”在实践中就发展出“送清凉”“送岗位”“送健康”“送服务”等多种工作模式。在实践中，尽管 40 条发明原理不能与工会工作一一对应，但工会干部可以举一反三，提炼总结出更多的创新规律与思路，从“原理”的层面指导工会工作创新实践。

## 四、矛盾矩阵表

世界总是在解决矛盾中进步。在工程领域，TRIZ 在对众多发明问题进行分析的基础上，给出了 39 个标准参数，并根据这 39 个标准参数构建了矛盾矩阵表。只要明确定义问题的工程参数，就可以从矛盾矩阵表中找到对应的发明原理并解决问题。当前，矛盾矩阵表仍在不断完善。

工会干部可以根据职工美好生活的需要和当前工会尚不能完全满足职工需求的矛盾，尝试建立工会工作矛盾矩阵表。职工的需求参数包括但不限于：劳动场所、劳动时间、劳动强度、劳动报酬、加班工资、劳动安全、劳动环境、人际关系、休息休假等；工会工作的内容参数包括但不限于：宣传教育、团队意识、文化氛围、学习培训、技能提升、技术创新、生活帮助、困难救助、生活服务、文体活动等。根据这一矛盾矩阵表，找到解决问题的创新原理与路径，求得标准解。例如，针对职工在政治地位、经济收入、技能素质、权益实现等方面存在的短板，在深化产业工人队伍建设改革中，工会干部要重点关注加强思想引导、制度落实、民主管理、权益维护、队伍壮大等工作。

## 五、物理矛盾和四大分离原理

物理矛盾是指技术系统中同一工程参数存在对立需求的情况，即要求某参数同时具备高与低、大与小等相反特性。解决物理矛盾的方法是分离原理。阿奇舒勒提出的分离方法共有 11 种（目前仍在不断扩展），可以归纳概括为四大分离原理，分别是空间分离、时间分离、条件分离和整体与部分的分离。

工会工作领域存在类似的矛盾。例如，在企业薪酬体系中，职工工资既要提升以满足收入增长的需求，又必须受控以维持企业工资总额上限，呈现典型的既高又低的矛盾状态。又如，工会面临保障充分就业与推进企业技术革新的双重使命，形成维持用工规模与提升生产效率的治理悖论，反映了产业升级中的结构性矛盾。解决这样的矛盾，要求工会干部在工作中借鉴分离原理，处理好各种关系。

## 六、物 – 场模型分析

通过对系统功能进行研究，阿奇舒勒发现了三条定律：一是所有的功能都可分解为三个基本元件，即两种物质（$S_1$、$S_2$）和一种场（F）；二是一个存在的功能必定由三个基本元件构成；三是将相互作用的三个基本元件有机组合将产生一个新的功能。简单来说，就是每一项工作都是两方面事物在同一个环境下发挥作用的结果。

工会工作也处于某种物 – 场之中。例如，工会干部与职工群

众可以看作 $S_1$、$S_2$，工会工作的具体内容，如贯彻落实“559”工作部署可以看作一种场 F。

## 七、发明问题的标准解法

标准解法是阿奇舒勒于 1985 年创立的针对物－场模型分析的一套解法，共有 76 种。如果问题的解法可以在 76 种标准解法中获得，那么解决问题会变得十分便捷。对于工会工作来说，标准解法就是一种工作思路、工作方法或者工作部署。例如，全国总工会的“559”工作部署可以看作是 5 大工程、5 个方面、9 项重点工作的标准解。

工会工作涉及方方面面，不一定每个方面、每项工作都有标准解。正因如此，工会工作才需要不断创新。虽然没有“标准答案”，但一定有“标准思路”。对于“非标准问题”，工会干部可以应用 TRIZ 理论，将其转化为标准问题，然后相应地用标准解法获得解决方案。

## 八、发明问题解决算法

发明问题解决算法（ARIZ）是 TRIZ 解决发明问题的完整算法。该算法主要针对问题情境复杂、矛盾及其相关部件不明确的技术系统，通过对初始问题进行一系列变形及再定义等，实现对问题的逐步深入分析和转化，最终达到解决问题的目的。发明问题解决算法使发明问题有规律可循，有完整的、可复制的解决思路可供参考，让后人对同一问题的探索少走弯路。以下是 TRIZ 的基本理论体系结构图（图 1–1）。

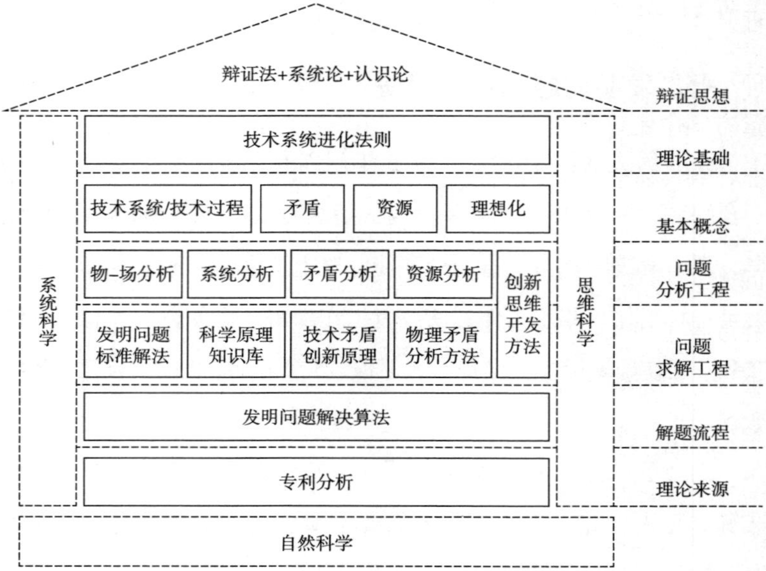


**图 1–1　TRIZ 的基本理论体系结构图**

在现有的 TRIZ 流派中，经典 TRIZ 的许多内容都有了新的发展。例如，40 条发明原理被拓展为 77 条发明原理；4 种分离原理被拓展为 11 种分离原理；76 个物 – 场标准解法中的某些解法被合并简化；100 个科学效应被拓展为数千个复合科学效应；8 个进化法则被拓展为 37 个进化法则；等等。现代 TRIZ 还引入了若干分析工具，如因果分析、功能分析、属性分析、因果属性分析、功能属性分析等，弥补了经典 TRIZ 分析工具较弱的不足。有些流派，如 USIT，对 TRIZ 进行了较大改进，统一了问题框架，增加了 21 个创新提示。

TRIZ 是一种基于科学方法的普适性发明问题解决工具，其原理及法则源于人类改造自然的长期实践经验。相较于传统创新方法，TRIZ 具备三大核心优势：第一，通过系统化分析能快速从海量方案中定位最优解法；第二，方法论逻辑严密且实践高效；第三，兼具易学易用的特性，可系统指导创造性问题解决。

由于 TRIZ 方法论具有独特的思考程序，可以提供良好的解决问题的架构和程序，一些学者对 TRIZ 在其他领域的应用进行研究并取得了成果。例如，40 条发明原理已在工业、建筑、生物、社会学、医疗等 10 余个领域形成系统化实践案例，为跨行业复杂问题提供了标准化解决方案。

TRIZ 的系统化创新方法论可以为工会工作突破传统模式提供科学支撑。目前，在一些实践中，TRIZ 的创造性思维工具已成功应用于工会技术革新、技能竞赛等场景，形成可复制的创新范式；在工会组织建设、权益维护等核心业务中开展 TRIZ 实践，可以构建标准化问题解决体系，推动工会工作现代化转型。这种创新性的探索，具有一定的现实意义。

| 第二章 |

# 技术系统进化法则与工会工作

## 第一节　系统进化论的工会实践

TRIZ 认为，发明问题的核心是解决矛盾。产品进化的过程就是不断解决矛盾的过程，一个矛盾解决后，产品进化的过程处于暂时停顿状态；新的矛盾出现并得到有效解决后，产品才会进入新的状态。在 20 世纪中后期，阿奇舒勒通过对众多技术发展历程的研究和总结，提出了技术系统进化理论。阿奇舒勒认为，技术系统同样也面临“自然选择，优胜劣汰”，技术系统的进化同生物系统的进化类似，不是随机的，而是遵循能量流动路径缩短的规律。以火车发展为例，从蒸汽机车（燃煤）到内燃机车（燃油）再到电力机车（电能），每次能源迭代都伴随着效率提升。这一规律不仅作用于工程技术领域，社会系统的演进也呈现类似特征。基于这一进化逻辑，我们可以明确创新方向、预测未来趋势，进而推动技术突破。

阿奇舒勒基于对大量发明专利的研究，提出技术系统遵循 S 形曲线的进化规律。这一曲线描述了技术系统的完整生命周期，并反映了技术系统各项重要参数的动态变化规律。技术系统的进化需经历婴儿期、成长期、成熟期、衰退期四个阶段，具体表现如图 2–1 所示。

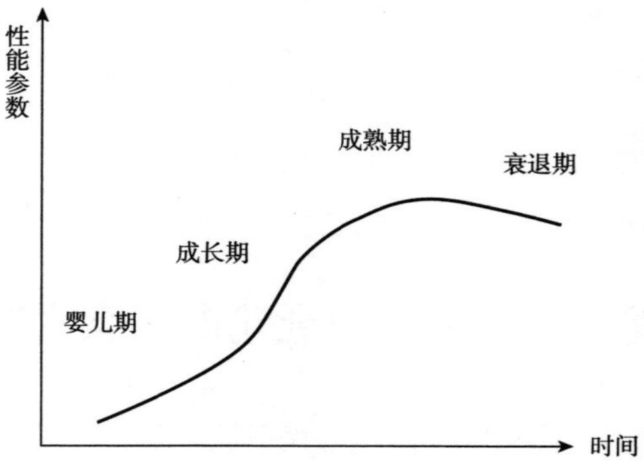


图 2-1　技术系统进化阶段 S 形曲线图

S 形曲线揭示了技术系统最为简单的生命周期形式，但实际的进化方式则更为复杂。如果没有引入新的技术或技术的新组合，技术系统将停留在当前的水平上，而新技术的引入将推动技术系统的进化。当一个技术系统进化到一定程度时，必然会出现一个新的技术系统代替它，即现有技术代替老技术，新技术代替现有技术，形成技术的交替。这就形成了 S 曲线跃进（图 2-2）。

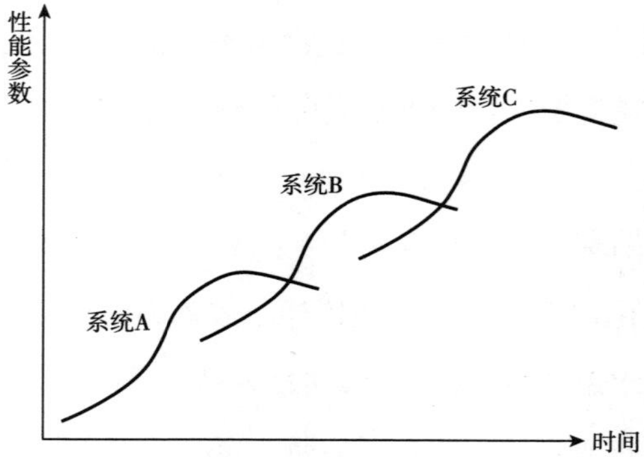


图 2-2　S 曲线跃进图

“送温暖工程”应当是工会领域最早的创新案例之一，其发展体现了技术系统进化的S形曲线规律。

20世纪80年代，部分地区职工生活困难，各地工会积极担当作为，开展各种形式的互助活动。辽宁、黑龙江、江苏、甘肃等地工会探索送温暖活动形式，解决困难职工生活问题。1991年末，全国总工会决定于1992年元旦、春节期间，在全国范围开展送温暖活动。1994年，全国总工会将一年一度的送温暖活动拓展为“送温暖工程”，受到了广大职工的欢迎和社会各界的积极响应，产生了巨大的社会影响。截至1998年底，全国各级工会扶持困难职工家庭450万户，帮扶130万户困难职工家庭脱贫解困，在保障职工基本生活、维护社会稳定方面作出了突出贡献。工会的“送温暖工程”和共青团的“希望工程”、妇联的“母亲水窖”一样，成为著名的助困品牌。

“送温暖工程”在新时代承担起新使命，以不同的服务内容、不同的表现形式，不断拓展新的服务领域。自2021年起，全国总工会开展提升职工生活品质试点，引导企业在改善职工生产生活条件、依法保障职工享受福利待遇、构建和谐劳动关系等多方面提高职工的获得感、幸福感、安全感。随着经济发展与社会进步，职工权益的表现形式从起初的劳有所得、病有所医、老有所养进步到舒心工作、体面劳动、全面发展的新阶段。以工资、社保、困难帮扶为主要内容的维权体系已趋完备，以心理健康为代表的精神文化权益、以尊重和认同为代表的工作环境权益、以成就感和晋升空间为代表的职业发展权益等职工“新型权益”日益受到重视。

心理健康是建设和谐社会、构建和谐劳动关系的重要因素。近年来，全国各地工会组织越来越重视职工心理健康服务。上至省市总工会，下至区县、街道工会，都在因地制宜提供各具特色的职工心理健康服务。在各级工会的不懈努力下，维护职工心理健康权益工作取得了显著进展。

中国机械冶金建材工会高度关注以职工心理健康为重点的新型权益维护工作，深入开展调研，总结工作经验，提出相应对策，为提高职工生活品质进行了有益的探索。

2023 年，中国机械冶金建材工会调研组分赴中国一汽、中国一拖、中信重工、首钢集团、紫金集团、中国有研、中联同力等 20 余家企业展开实地调研，同时以“百企万人”网上调研方式，通过网络平台对机械、钢铁、有色金属、建材等 4 个行业 100 余家企业的 1 万余名职工发放《产业工人队伍建设改革及职工权益维护问卷》，收回企业有效问卷 81 份，职工有效问卷 8423 份。

调查显示，职工权益保障领域呈现显著的结构性转变。欠薪欠保等历史顽疾发生率降低；工会传统维权手段，如讨薪援助、农民工权益维护等的应用场景大幅减少；困难职工救助逐步退出主要工作议程。与此同时，职工新的权益需求开始显现。调查显示，受访职工在本单位工作最为看重的因素前三项分别是稳定的薪酬（76.7%）、安全的劳动环境（52.2%）和良好的福利（50.3%）。

职工物质需求得到满足后，以心理健康为代表的精神文化需求日渐增长。调查结果显示，当被问及心理健康状况时，不同层级的心理健康需求呈现明显的阶梯式分布特征。66.2% 的职工自评心理状况健康，18.8% 的职工表示偶尔会出现情绪波动，13.3% 的职工承认存在一定的心理问题，另有 1.7% 的职工坦言面临较为严重的心理问题困扰。调查显示，影响职工心理健康最主要的三大因素分别为人际关系紧张（61.9%）、工作环境危险（51.9%）和领导管理方式粗暴（28.5%）。部分企业工会干部坦承自己面临多维的心理压力，既有社会对工会工作的偏见带来的外部压力，也有工作复杂化导致的忙碌感带来的内部压力，以及夹在企业与职工、领导与职工矛盾中的双重角色失衡，同时存在对职工诉求超出工会职能范围的无力焦虑，更有岗位稳定性缺失与机构调整带来的职业担忧。

对此，中国机械冶金建材工会提出建议，发挥产业工会优势，重点做好以下几方面工作：

一是强化职工思想政治引领。坚持用习近平新时代中国特色社会主义思想凝心铸魂，团结引导广大产业工人坚定不移听党话、跟党走。

二是为产业职工搭建建功立业平台，满足职工成长需求。充分发挥劳模和工匠人才的示范带动作用，为建设社会主义现代化强国贡献产业智慧与力量。

三是尊重产业职工心理健康、精神文化、安全环境诉求，营造和谐劳动关系、和美劳动环境。在着力提高产业工人经济收入的基础上，实施“EAP 员工帮助计划”，建立职工心理健康大数据库及职工心理健康常模，进一步完善职工心理健康问题预防机制，实现职工心理健康动态预警。构建服务体系，完善制度建设，强化专业支持，为职工提供心理健康宣传、心理评估、咨询疏导等服务。

**案例1：滨州市总工会高度关注职工心理健康**

自2020年起，滨州市总工会在全市范围内组织开展职工心理健康水平大型调研，运用《心理健康症状自评量表（SCL-90）》《抑郁自评量表（SDS）》等测评工具开展在线调查。2020年调查数据表明，32.51%的国有企业职工和33.22%的民营企业职工处于焦虑状态，38.21%的国有企业职工和40.95%的民营企业职工处于抑郁状态（并非抑郁症）。

为此，滨州市总工会将心理健康纳入职工教育培训计划，健全预警平台，设立24小时心理援助热线，畅通线上线下相结合的心理疏导渠道，提高职工心理调适、人际沟通、心理危机干预能力，对处于特殊时期或特定岗位、经历突发事件或重大事件的职工及时进行心理疏导，全方位关怀职工心理健康。经过三年的努力，在2023年的职工心理健康调查中，国有企业职工抑郁风险检出率比2020年下降8.98个百分点；民营企业职工焦虑风险检出率比2020年下降4.46个百分点，抑郁风险检出率比2020年下降13.84个百分点。

**创新亮点分析：心病还须心药医**

在过去很长一段时间里，心理健康问题没有受到应有的重视。

在解决温饱问题的初级阶段，受经济条件所限或认知水平所囿，职工心理问题在很多时候被看作“思想问题”，甚至一些正常心理诉求被当作“精神病”的表现。在社会转型期高强度工作与快节奏生活的叠加效应下，忽视职工心理健康，可能诱发个别极端事件。尽管此类事件属于偶发案例，但其产生的社会影响具有显著放大效应，更加凸显心理健康干预的重要性。近年来，职工心理健康问题已从隐性议题转为显性关切，各级工会通过构建系统化干预体系取得显著成效。以滨州市总工会为代表的地方工会组织，在此领域形成示范效应，其创新实践为各级工会提供了可复制的样本。

滨州市总工会职工心理健康服务有以下特点：一是开展大规模心理健康调研，全面了解职工的心理健康状况；二是科学应用测评工具，准确评估职工的心理健康水平；三是建立全面的心理健康干预服务体系，为职工提供全方位、多层次的心理健康支持；四是实施个性化的心理疏导服务，精准满足职工的心理需求，帮助职工有效应对各种心理挑战。以上四个方面共同构成了完备的职工心理健康服务系统，为构建和谐劳动关系提供了关键支撑。

### 案例2：广州市南沙区南沙街总工会打造“一站式”职工心理健康服务阵地

广州市南沙区南沙街总工会打造“南小丫”舒心解压馆，集职工心理辅导、舒缓减压、咨询治疗等服务为一体，为职工提供新型专业化服务。

一是建设心理健康服务阵地。整合服务站与心灵驿站资源，构建“一吧五区七室”的科学布局，即一个心理氧吧、五大功能区域（成长区、压力宣泄区、矛盾缓冲区、康养区、疏导区），以及七个特色功能室（心理测评室、劳动争议调解室、法治议事室、团体活动室、宣泄解压室、影音放松室、个体咨询室）。

二是创新心理健康服务模式。引进心理咨询师、律师、心理社工等专业人才，与多家医疗机构签订合作协议，定期邀请心理专家，打造“南小丫”公众号及心理咨询热线，提供专家预约、活动预约、心理科普、免费咨询等服务。

三是丰富心理健康服务内容。组织职工参与免费的心理体检和减压活动，引导职工关注自身心理健康，及时释放压力并反馈深层需求。同时，开设线上线下相结合的专业心理课程，提供定制化服务，促进有效沟通，将矛盾与问题化解在基层，维护职工心理健康。

**创新亮点分析：“关心”重在“全方位”**

“南小丫”舒心解压馆的创新亮点在于全面专业的服务布局、跨界合作的服务模式、丰富多样的服务内容以及预防与干预相结合的服务理念。“南小丫”舒心解压馆不仅为职工提供了高质量的心理健康服务，也为其他地区的工会心理健康服务提供了可借鉴的经验和启示。

一是全面专业的服务布局。“一吧五区七室”的科学布局，覆盖了心理健康服务的多个方面，确保服务的专业性和针对性。从心理氧吧到各功能区域和特色功能室，每一处都精心设计，满足职工不同方面、不同层次的心理健康需求，体现了对职工心理健康的全面关怀。

二是跨界合作的服务模式。引进心理咨询师、律师、心理社工等多领域专业人才，并与医疗机构合作，这种跨领域的合作模式大大增强了服务的专业性和实效性。同时，打造公众号和心理咨询热线，提供线上预约、咨询等服务，不仅方便了职工，也拓宽了工会的服务渠道，提高了服务的可及性。

三是丰富多样的服务内容。从免费的心理体检和减压活动，到线上线下相结合的专业心理课程，再到定制化的服务，全方位的服务内容有助于职工及时了解自己的心理健康状况，提升自我调适能力，有效应对工作和生活中的压力。

四是预防与干预相结合的服务理念。“心理体检 + 活动引导 + 个体咨询”的立体化干预模式，既实现职工心理状态的实时监测与风险预警，又通过需求响应机制将矛盾化解在基层。这种预防性心理健康服务体系，不仅筑牢了职工的心理防线，更为社会关系稳定提供了基础支撑。

工会服务职工体系作为工会工作的重要系统性工程，已迈入新发展阶段，但这绝非进化终点。数智革命与 AI 技术裂变催生的“人机替代”“技能断层”“能力焦虑”等新矛盾，既蕴含对传统服务模式的解构挑战，也孕育着“进化因子”的重生机遇。这就要求工会必须立足当下、着眼未来，以动态进化思维推动维权服务迭代升级，凝聚职工力量共筑强国建设新篇章。

## 第二节　工会工作与九屏幕法

TRIZ 通过对技术矛盾标准化建模，形成可解析的“TRIZ 问题”，再运用发明原理与标准解工具推导出普适的解决方案。其核心方法论包含三个递进层次：首先将具体技术矛盾定义为规范表述，随后通过矛盾矩阵等工具将特殊问题转化为标准问题模型，最终匹配 40 条发明原理或标准解库中的通用策略，实现从特殊问题向标准解法的逻辑跃迁。

工会工作创新的思路也是如此。首先将工作中遇到的问题进行归类，纳入某一类别，如思想引领类、建功立业类、维权服务类、自身建设类等；在此基础上进一步分类，对应某方面的重点工作，如产业工人队伍建设改革、劳动与技能竞赛、新就业形态职工入会服务等；再向下还可细分为某项具体工作，如工运史宣传教育、“讲工匠故事、展劳模风采”主题宣传活动、“大国工匠进校园”活动、“红旗杯”班组长大赛、班组 QC 成果发布等。找准该项工作在整体工作中的定位之后，对其进行“功能分析”，找出问题的症结和创新的需求，然后运用相应的“标准解法”，结合自身实际，即可获得问题的解决方案。

九屏幕法作为 TRIZ 的核心工具，通过构建三维时空分析矩阵，突破线性思维的局限。该方法要求使用者同时考察当前工程系统的直接层级（当前系统）、上级关联（超系统）和下级构成（子系统），并在时间轴上覆盖过去经验、当前状态与未来趋势，形成 3×3 的立体思维空间（图 2-3）。其中，当前系统指正在发生问题的或正在普遍应用的系统，子系统是构成技术系统的低层次系统，超系统是技术系统之外的高层次系统。这种多维分析框架能有效破除思维惯性，为复杂工程问题提供系统性创新路径。

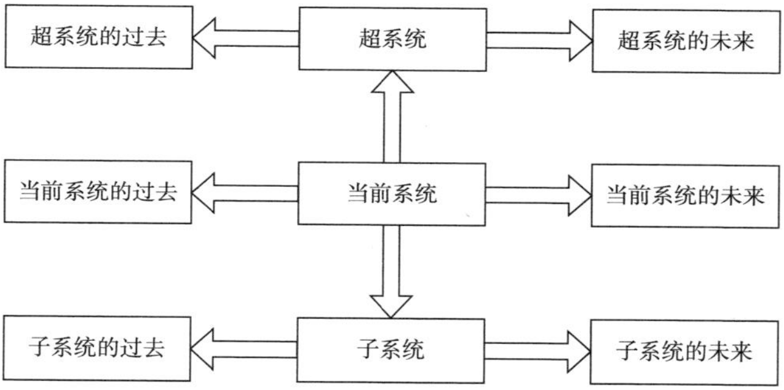


**图 2-3　九屏幕法示意图**

九屏幕法分析框架构建了三维时空坐标系，类似于英语中的“时态”，时间维度上，通过历史回溯（过去时）规避问题重现，立足当前状态（现在时）评估系统实况，前瞻未来趋势（将来时）预研潜在风险；空间维度上，既解构系统内部组件（子系统）的层级关系，又解析系统外部环境（超系统）的关联网络。这种立体化分析模式，通过时空延展突破了传统线性思维的局限。

九屏幕法就像企业生产调度中控室的大屏幕显示器，被形象地称为“资源搜索仪”。有些资源以显性形式存在，称为显性资源；有些资源以隐性形式存在，称为隐性资源。利用九屏幕法查找资源可以从四个维度展开：一是本体资源挖掘，全面梳理系统内部现有可用资源；二是层级资源拓展，深入分析子系统组件资源与超系统环境资源；三是历史资源回溯，考察系统过往版本中沉淀的可复用资源；四是未来资源预研，前瞻系统迭代升级可能带来的新资源增量。

以职工创新工作室建设为例，创新工作室可以看作当前系统，它的子系统有职工合理化建议、“五小”（小改革、小发明、小创造、小设计、小建议）等群众性经济技术创新活动，它的超系统是职工创新工作室联盟。工会在推进职工创新工作室建设时，不仅要着眼于创新工作室本身，而且需要“向下”注重职工群众身边的“五小”与合理化建议，“向上”注重职工创新工作室联盟建设，分析职工“五小”与合理化建议以及职工创新工作室、创新工作室联盟的过去、现在和将来，这样才能有效发挥劳模工匠和高技能人才的示范引领作用，推进创新工作室不断向规范化、高层次发展。系统、子系统、超系统的有机结合会促进创新思维、创新案例与创新成果源源不断地出现。

### 案例3：中国机械冶金建材工会持续推动创新工作室联盟建设

中国机械冶金建材工会长期深入开展技术革新、发明创造、合理化建议、网上练兵和“五小”活动等群众性技术创新活动，总结推广先进操作法。早在20世纪90年代，中国机械冶金建材工会就广泛开展了“提一条合理化建议、学习一门新技术、推广一项新操作法、刷新一项新纪录、改革一项新工艺”等活动。

进入21世纪，在技术革新和合理化建议的基础上，中国机械冶金建材工会按照全国总工会的部署，积极开展职工（劳模）创新工作室创建工作，为企业的转型升级、节能减排作出突出贡献。2012 年，中国机械冶金建材工会提出了创新工作室建设标准，在硬件上要求创新工作室做到“六有”，即有创新带头人，有创新团队，有固定场所、设备设施和经费，有工作管理制度，有年度攻关计划，有阶段性创新成果。上海机电工会建立了以“金牌工人”李斌名字命名的“李斌数控技术工作室”，工作室承担的“高压轴向柱塞泵/马达国产化关键技术”重点攻关项目，先后荣获中国机械工业科技进步奖一等奖、国家科技进步奖二等奖。金川公司高级技师潘从明主创的“银阳极泥中金铂钯高效提取技术”、高级技师柴国梁主创的“高品质电解镍生产集成装置的创新与应用”等两项成果获全国第五届职工优秀技术创新成果二等奖。

在建设创新工作室的基础上，中国机械冶金建材工会组建跨行业、跨部门、跨工种、跨专业的创新工作室联盟。2013 年 6 月，中国一拖集团有限公司工会成立了东方红劳模创新工作室联盟，下辖 16 个基层劳模创新工作室，共有 131 名成员。联盟内各会员工作室通过揭榜攻关、专利共享、协同创新等形式开展活动，推动联盟内各企业的创新发展和技术升级。2017 年，哈汽公司与一重集团组成了黑龙江省首个跨企业的劳模创新工作室联盟，有效促进了创新成果共享。2018 年，北汽集团在 28 个职工创新工作室联盟中经过综合考核，评选出 5 个集团级优秀职工创新工作室联盟，打通了快速解决研发和生产问题的通道，在北汽自主品牌的研发和生产方面发挥了巨大作用。河南机械冶金建材工会运用“互联网+”思维，探索搭建跨企业、跨行业、跨区域创新工作室联盟平台。经过多年建设发展，云端平台已有注册企业1006家、创新工作室2400个，发布技术课件8031份，发布揭榜攻关904项，揭榜成功396项。

**创新亮点分析：联盟跨越时空，创新永无止境**

工会工作创新与新闻采写的“三点一线”准则存在内在逻辑互通。当某项创新既契合中央政策导向（政策维度），又满足职工实际需求（受众维度），同时具备可推广的典型价值（示范维度）时，便如同准星与目标精准重合，创新效能将最大化释放。这种评判标准更深层的思维逻辑在于创新需具备系统思维——既要立足工会工作本身，又要将其置于党和国家大局中定位，同时关注子系统联动效应；既要从历史经验中萃取规律，也要动态预判未来趋势，通过时空维度的立体分析，确保创新举措既接地气又具前瞻性。

中国机械冶金建材工会创新工作室联盟的建设实践呼应了TRIZ九屏幕法。时间维度上，产业工人创新活动积淀深厚，合理化建议、“五小”成果等子系统长期运行，为工作室建设积累了技术势能；空间维度上，当单个工作室成熟至临界点时，自然产生跨行业、跨企业、跨工种的联盟需求，中国机械冶金建材工会顺势构建超系统平台，各委员单位创新资源通过联盟实现裂变式聚合，使点状创新升级为网状生态。形成“工作室联合国”的创新生态共同体，持续扩大创新辐射半径，为深化产业工人队伍建设改革提供了强大动力。

### 案例 4：沈阳市国防工会引入 TRIZ 培训

沈阳市国防工会作为工会系统中首家引入 TRIZ 培训的工会，实现了创新能力的全面提升。聚焦破解“卡脖子”问题，开展“揭榜挂帅”活动，规范“发榜、揭榜、评榜”三个核心环节，推动技术攻关和技术协作，实现跨界集智攻关。近年来，共征集各类难题 500 余项，130 多个难题被揭榜、破解，实现经济效益总额超过 2 亿元；基层工会“揭榜挂帅”项目总量超过 700 个。

沈阳市国防工会坚持以中国创新方法大赛为驱动，组织产业劳模工匠创新成果大赛，完善以赛促训、以评促研、以奖促干机制，每年将技术革新项目推荐到国家、省级赛事。截至 2024 年底，已获得省赛一等奖 8 项，国赛一等奖 3 项、二等奖 2 项。

**创新亮点分析：TRIZ 的跨域赋能**

TRIZ 具有广泛的适用性，不仅适用于工程技术领域，还可以应用于管理、经济、社会等多个领域。这种跨领域的适用性使得 TRIZ 成为一种普适性的创新方法论，为各个领域的创新实践提供了指导。例如，在企业管理过程中，TRIZ 可以帮助企业优化资源配置、提升决策效率；在工会工作领域，TRIZ 可以指导职工技术创新，实现创新能力提升。TRIZ 应用于企业实践，不仅有助于企业提升创新能力和技术水平，还能为企业带来显著的经济效益和社会效益。

沈阳市国防工会的创新实践体现了 TRIZ 的跨域赋能价值。通过引入 TRIZ 打破行业思维定式，构建“激励—培育”双轮驱动机制。一方面，建立创新激励体系，对突出贡献者给予表彰和奖励；

另一方面，搭建知识共享平台，通过系统化培训、常态化交流实现技术沉淀与认知升级。这种机制设计既能激发个体创新活力，又可以促进组织经验内化，形成“个人突破—集体进化”的良性循环，最终转化为技术融合创新与市场竞争力提升的双重动能。

## 案例 5：内蒙古北方重工业集团有限公司工会发挥创新联盟“联合作战”能力

内蒙古北方重工业集团有限公司工会扎实推进创新工作室联盟建设，集聚创新资源，发挥集群效应，形成协同创新合力。创新工作室联盟围绕生产一线“卡脖子”问题先后攻克技术难题 41 项，获国家发明专利 7 项、实用新型专利 33 项，1 项专利获自治区十大专利，郑贵有团队“大直径开放式齿弧加工技术”荣获全国职工优秀技术创新成果三等奖。

北重创新工作室联盟现由 8 个工作室组成，共有成员 82 人。其中，中国兵器首席技师 3 人，兵器集团科技、关键技能带头人 8 人，北重集团关键技能带头人 1 人。北重集团发挥创新联盟“联合作战”能力，通过资源整合和协同创新，逐步形成了“创意变项目、项目变成果、成果变效益”的创新工作链。联盟成员先后完成技术攻关课题 41 项，为公司创造经济效益 2000 多万元，推动了企业高质量发展。

**创新亮点分析：联合起来力量大**

内蒙古北方重工业集团有限公司工会推进创新工作室联盟建设，展现了联合起来、“合成作战”的创新亮点。

一是集聚创新资源，发挥集群效应。工会通过组建创新工作室联盟，将分散的创新资源集聚起来，形成了协同创新的合力。这种集群效应使创新资源得到了更高效的利用，促进了技术难题的攻克和创新成果的产出。

二是聚焦生产一线，解决实际问题。联盟围绕生产一线“卡脖子”问题进行攻关，通过协同作战，攻克了多项技术难题。这种以问题为导向的创新模式，有效提升了企业的生产效率，促进了技术进步。

三是创新成果转化，经济效益显著。联盟成员在技术创新过程中，通过“创意变项目、项目变成果、成果变效益”的创新工作链，实现了技术成果的快速转化，获得了多项国家发明专利和实用新型专利。这些专利成果不仅增加了企业的技术积累，还为企业带来了更大的经济效益。

北重集团创新工作室联盟通过资源整合和协同创新，完善了创新工作链，形成了强大的“联合作战”能力。这种机制使得不同工作室实现优势互补、协同作战，确保了创新活动的持续性和有效性，推动了企业的高质量发展。

### 案例6：首钢京唐公司工会打造三级创新体系

首钢京唐公司工会建设三级管理体系，为职工量身打造创新创造平台。首钢京唐公司工会创建职工创新中心3个、职工创新工作室55个、职工创新小组165个，形成创新中心、创新工作室、创新小组三级管理体系。创新工作室明确“有领军人物、有活动场地、有工作制度、有课题计划、有攻关节点、有成果效益”六有标准和“开展技术攻关、解决现场难题、QTI 全员快速改善、实施降本增效措施、组织专业技术培训、总结最佳操作法”六个特色活动，形成了“6+6”工作模式。围绕经营生产、降本增效完成攻关课题 2971 项，取得科技成果 342 项，获得专利授权 1144 项，创造经济效益超过 8 亿元。“二氧化碳绿色洁净炼钢技术及应用”“低碳清洁高效炼铁工艺和技术集成”项目分获全国冶金行业特等奖和一等奖。

**创新亮点分析：工会工作体系化的生动实践**

全国总工会提出工作服务化、体系化、品牌化、创新化、数智化的“五化”目标，首钢京唐公司工会建设三级创新管理体系（职工创新中心、职工创新工作室、职工创新小组），为职工量身打造了全方位、多层次、立体化的创新创造平台，正是落实工会工作体系化的生动实践。

一是体系化构建的创新性。首钢京唐公司工会构建的层次清晰、覆盖全面的管理体系，形成了从高层引领到基层落实的完整创新链条。战略层设立职工创新中心，承担创新战略决策与资源统筹职能；中坚层构建创新工作室矩阵，负责技术攻关与项目落地；执行层组建一线创新小组，专注现场问题转化与创新实践。该体系形成“决策—实施—反馈”的闭环，通过战略引领、专业支撑、全员参与的立体化布局，实现创新动能从顶层设计到基层落地的完整传导。

二是体系化运作的高效性。三级管理体系通过优化资源配置释放协同效应，具体表现为三大效能：打破传统资源壁垒，实现创新要素跨层级流动与集聚；构建跨平台信息共享机制，促进技术互补与协同攻关；聚焦企业生产经营，以问题为导向开展特色创新活动，确保创新成果直接转化为经济效益与社会价值。

三是体系化保障的持续性。首钢京唐公司工会构建的三级管理体系为推动企业的持续创新和产业升级发展提供了有力保障。同时通过设立奖励机制、举办创新大赛等方式激发员工的创新热情，推动创新成果的转化和应用，促进了创新活动的深入持续发展。

### 案例7：重庆市沙坪坝区总工会多措并举提升劳动争议仲裁质效

重庆市沙坪坝区总工会联合劳动人事争议仲裁院，以工会参与调解助力提升劳动争议仲裁质效，切实维护职工合法权益，促进劳动关系和谐稳定。

一是全程参与，综合施策维权。沙坪坝区总工会将维权服务举措贯穿裁前调解至裁后执行全过程，为职工提供全方位法律帮助和跟踪服务。例如，在某驾驶培训公司群体性欠薪案件中，工会提前委派律师介入提供法律咨询，代理仲裁案件。仲裁后为职工寻找就业岗位，帮助解决就业难题。

二是政策研判，精准适用法律。沙坪坝区总工会深入参与劳动争议仲裁审理，积极提供法律建议。例如，在某模具公司以职工违反规章制度为由解除合同案中，工会就证据采纳和法律适用提出建议，协助仲裁院作出公正裁决，帮助职工追回解除劳动合同补偿金2.4万元。

三是预防为先，减少劳动争议。积极做好劳动争议仲裁前预防工作，由工会劳动争议调解委员会为劳动关系双方，特别是小微企业和新就业形态劳动者提供培训，提升劳动关系双方法律意识，降低劳动争议发生率。

**创新亮点分析：未雨先防，未病先治**

沙坪坝区总工会为减少劳动争议，积极做好劳动争议仲裁前预防工作，是九屏幕法则中“考虑系统的过去与未来”的典型实践。一是建立“预防—调解—执行”的全周期服务闭环，将法律支持贯穿争议处理各环节；二是创新专业赋能机制，引入法律专家深度参与仲裁审理，强化证据审查与法律适用把关，既保障个案处理的公正性，又形成案例示范效应；三是实施源头预防战略，重点面向小微企业和新就业形态劳动者开展双向培训，通过提升劳动关系双方的法律意识实现争议预防前置。

这种“预防—干预—保障”三位一体的创新模式，不仅能够有效化解当前争议，更能从制度层面培育法治化劳动关系生态，为构建和谐稳定的劳动环境提供系统性支撑。

## 第三章

# 最终理想解与工会工作

## 第一节　寻求工会创新的最终理想解

TRIZ 通过“最终理想解（IFR）”构建创新思维框架。在解题初期剥离现实约束，以理想化视角定义目标终极形态。这种思维的本质是建立理想化模型替代现实方案，类似数学中的无宽度线、物理中的质点或化学中的纯净反应等，通过剥离干扰要素实现创新路径的高效探索。正如阿奇舒勒的隐喻“最终理想解如同登山者的安全绳，虽不直接提升高度，但为攀登者提供防止滑落的支撑”，当创新主体偏离目标方向时，理想解框架能立即警示偏差，确保探索始终指向最优解轨道。

最终理想解呈现三大核心特征：继承原系统优势、消除其固有缺陷、保持系统简洁性。该思维范式要求创新方案既保留原系统的核心功能，又通过技术进化消除矛盾，同时避免增加系统复杂度，形成“优势强化—缺陷消除—结构简化”的协同进化路径。

最终理想解的确定和实现可以根据以下步骤进行（表 3–1）：

**表 3–1　最终理想解步骤表**

| 步骤 | 内容 |
| --- | --- |
| 第一步 | 设计的最终目的是什么？ |
| 第二步 | 最终理想解是什么？ |

**续 表**

| 步骤 | 内容 |
| --- | --- |
| 第三步 | 达到最终理想解的障碍是什么？ |
| 第四步 | 出现这种障碍的结果是什么？ |
| 第五步 | 消除这种障碍的条件是什么？ |
| 第六步 | 创造这些条件存在的可用资源是什么？ |

在最终理想解中，理想度与其影响因素的关系可以用数学表达式说明，即：

$$理想度=\frac{\Sigma 有用功能}{\Sigma 有害功能+\Sigma 成本}$$

实现最终理想解，通常用到以下模式：一是加强有用功能。通过优化提升系统参数，应用高一级进化形态的材料和零部件，给系统引入调节装置或反馈系统，让系统向更高级进化，获得有用功能作用的加强。二是降低有害功能。通过对有害功能的预防、减少、移除或消除，降低能量的损失和浪费等降低有害功能。三是降低成本。通过采用便宜的材料、标准件等方式降低成本，从而提高理想度。此外还可以针对特定需求开发专用功能模块实现精准效能提升，同时设计可配置或自适应结构增强系统柔性。这些路径通过功能强化、缺陷抑制、模块集成、密度提升、专用优化和柔性增强的综合作用，推动系统向功能最大化、成本最小化、结构最优化的理想状态演进。

### 案例 8：浙江省总工会“一网三直”强化劳动争议化解体系

浙江省总工会深入践行新时代劳动领域“枫桥经验”，建立健全“一网三直”劳动争议多元化解工作体系，建成 8.1 万个工会劳动争议调解组织，实现调解组织全覆盖、情绪管理全过程、信息联通全链条、标准解纷全流程。2023 年以来，成功调处劳动争议案件 4718 件，在参与基层社会治理、构建和谐劳动关系中充分展现工会作为。

一是强化基础支撑，网格化管理“一体互联”。打造镇街—社区—企业的“小三级”工会调解组织网络。推动全省工会参与劳动争议多元化解融入基层治理体系、工会调解组织融入社会治理中心，在劳动领域建立多元多层的协商化解机制，推动问题联治、矛盾联调、工作联动。

二是强化情绪管理，情感性诉求“直传驿站”。依托工会阵地“两性两化”运营，整合心理研究专业院校、心理健康服务机构等专业资源，打造职工情绪管理服务阵地，为职工提供一对一心理咨询、情绪疏导、争议调解等服务，实现情绪管理与援助帮扶“一站式”服务。

三是强化信息联通，大数据管理“直通共享”。通过数字化手段联通工会组织、仲裁机构、人民法院的服务资源和服务项目（清单），推动各部门网上资源共享，为当事人提供在线咨询、在线调解、在线司法确认等“一站式”服务。

四是强化案例共享，标准化解纷“直达一线”。联合省法院、司法厅等单位在微信公众号、微博、抖音等媒体发布典型案例，推动统一的“调裁诉”裁决口径，有力促进同案同判、同案同裁。

**创新亮点分析：在“强化”中构建“和谐”**

浙江省总工会“一网三直”化解劳动争议的经验，是 TRIZ 中“增强有益功能”的典型实践，也是向着和谐劳动关系的“最终理想解”迈出的扎实一步。

在浙江省总工会践行新时代劳动领域“枫桥经验”的实践中，采用网格化管理“一体互联”的手段，通过“小三级”工会调解组织网络，实现了劳动争议调解的全面覆盖。这种网格化管理延伸了调解组织的触角，促进了工会调解与基层治理体系的有效融合，提高了问题联治、矛盾联调、工作联动的效率和实用性。

情感性诉求“直传驿站”增强了职工心理支持的针对性。依托工会阵地，整合专业心理健康资源，为职工提供一对一的心理咨询、情绪疏导等服务，有助于缓解职工的情绪压力，体现了工会对职工的全方位关怀与关爱。

大数据管理“直通共享”增强了服务的高效性。利用数字化手段实现工会组织、仲裁机构、人民法院等服务资源的在线共享，这种信息化、智能化的管理方式不仅提高了工会的服务效率和便捷性，还降低了职工在寻求帮助过程中的成本投入。

标准化解纷“直达一线”增强了裁决的统一性和指导性。通过联合省法院、司法厅等单位发布典型案例，推动统一“调裁诉”裁决口径，有助于形成统一的裁决标准，促进同案同判、同案同裁。不仅增强了裁决的公平性，还为基层调解组织提供了明确的指导和参考。

## 案例9：中国一重集团公司打造产改“四大引擎”助推企业高质量发展

中国一重集团公司在深化产业工人队伍建设改革中，着力打造“四大引擎”，营造良好的技能人才发展环境，助推企业高质量发展。

一是完善薪酬分配体系，增强职工干事创业内生动力。实施技能津贴“倍增计划”，建立与企业年度生产“确保、力争、创优”三档目标相适应的7%、9%、11%职工薪酬增长梯次。2023年职工人均薪酬比2017年增长60.67%。

二是健全长效激励机制，激发职工建功立业新活力。定期组织技能职级考核，已有11个工种、42名高技能人才从技能岗晋升到工程系列职称。实施“百名人才工程”，设置特贴奖励项目，年度特贴奖励杰出高技能人才192万元。

三是构建多元培育模式，挖掘职工适配岗位新潜能。建立“内培外学”“校企合作”“理论+实训+应用”相结合的培训新模式，开设“订单班”“预备技师班”，进行有针对性的技能“补钙”。

四是搭建技能竞赛平台，强化职工创新创造新动能。围绕重点工程、重点项目，建立全流程竞赛制度体系，开展劳动竞赛和“五小”创新成果评比。设立百万年度急难险重任务攻关奖励资金，截至2024年底，已发放6000多万元，攻克了以“华龙一号”为代表的一系列重大技术装备难关。创建各级劳动模范领衔的创新工作室40个，创造经济效益3500万元。

**创新亮点分析：人才是企业最重要的核心竞争力**

中国一重集团公司是习近平总书记回信“点赞”的企业，近年来在我国重大装备制造领域发挥了央企“国家队”的作用，体现了责任担当。企业的核心竞争力来自高素质的产业工人队伍，而打造高素质的产业工人队伍离不开良好的人才发展环境。中国一重的创新之处在于从多方面强化人才培育，通过增强人才这一重要的“有用功能”，提升了创新的理想度。中国一重集团公司在强化人才培育方面展现出多个创新亮点。

一是薪酬分配体系的创新。通过实施技能津贴“倍增计划”和建立与年度生产目标挂钩的薪酬增长梯次，显著提高职工的薪酬水平，从而增强职工的工作积极性。

二是长效激励机制的实践。公司通过定期组织技能职级考核和“百名人才工程”，为职工提供明确的职业发展路径和晋升机会。特别是将高技能人才从技能岗晋升到工程系列职称，打破了传统职称晋升的壁垒，激发了职工建功立业的热情。

三是多元培育模式的构建。中国一重建立的“内培外学”“校企合作”“理论 + 实训 + 应用”相结合的培训新模式，丰富了职工的学习资源，提高了培训的实效性。

四是技能竞赛平台的驱动。公司围绕重点工程、重点项目建立的全流程竞赛制度体系，激发了职工的创新创造活力，促进了技术难题的攻克和“五小”创新成果的涌现。特别是设立百万年度急难险重任务攻关奖励资金，有效调动了职工创新积极性，推动了企业技术创新和产业升级。

### 案例10：普洱市总工会增强“三力”，构建和谐劳动关系

普洱市总工会聚焦增强“三力”，积极探索构建新时代和谐劳动关系新路径。

一是聚焦权益保障，增强维权服务“行动力”。每季度召开会议，推动协调劳动关系三方机制落实，积极参与根治欠薪活动，制定劳动关系“和谐同行”能力提升三年行动计划和配套实施方案，开展新时代和谐劳动关系创建活动；创新开展线上劳动法律监督活动，针对不同情形，运用好“一函两书”，制定普洱市“工会＋法院＋检察院＋人社＋司法＋工商联”保障劳动者合法权益协作联动机制。

二是聚焦民主管理，增强企业职工“向心力”。落实职工代表大会、厂务公开和集体协商制度，建制率、公开率均保持在90%以上；强化规范管理，制定职工代表培训规划，开设民主管理专题课程；制定加强企业协商民主制度建设实施意见，充分发挥示范引领作用，培育选树典型示范企业10家。

三是聚焦普法强基，增强法治宣传“引导力”。抓住重要时间节点，深入企业、工地和村（社区）开展法治宣传，坚持普法主题、方式、效果“三精准”，促进法治供需双方良性互动，积极开展新就业形态劳动者权益保障“集中行动季”活动，着力提高用人单位和劳动者的法律意识。

**创新亮点分析：处理好劳动关系的“三重因子”**

工会构建和谐劳动关系的三大“有用功能”，即聚焦三大核心路径：平衡维权与维稳，切实保障职工合法权益；统筹员工“主

人翁”身份与劳动者角色双重属性，深化企业民主管理；厘清合理诉求与合法边界，加强法治宣传教育。普洱市总工会的实践在上述领域创新探索成效显著，理想度提高，为新时代劳动关系建设提供了示范。

一是在权益保障方面，注重协调机制的落实与深化。每季度召开会议，推动协调劳动关系三方机制的落实，提高问题解决的效率。积极参与根治欠薪活动，直接回应社会关注的热点问题，增强了工会的社会影响力。创新性开展线上劳动法律监督活动，利用现代技术手段提高监督的效率和覆盖面。深入企业核实情况，并运用“一函两书”等法律手段，确保了监督工作的实效性和权威性。

二是在民主管理方面，注重制度落实与规范管理并重。落实职工代表大会、厂务公开和集体协商制度，强化了民主管理的基础。制定职工代表培训规划和民主管理专题课程，提高了职工代表的参与能力。制定加强企业协商民主制度建设的实施意见，为民主管理提供了明确的指导。

三是在普法强基方面，注重方式与效果。抓住重要时间节点和“四送”活动等时机，确保普法工作的时效性和针对性。坚持普法主题、方式、效果的“三精准”，提高了普法工作的质量。积极开展新就业形态劳动者权益保障“集中行动季”活动，体现了工会对新就业形态劳动者的关怀。

## 案例 11：天津工会利用“高温天气提示函”维护户外劳动者权益

天津 9 个区总工会向 17 家在津平台企业和关联企业发出高温天气下保障劳动者权益的《工会劳动法律监督公开提示函》，切实维护新就业形态劳动者安全健康权益。

按照属地原则，天津市滨海新区、和平、河东、河西、红桥、东丽、津南、静海、宁河等 9 个区总工会加强与平台企业沟通联系，就高温天气下保障新就业形态劳动者权益向滴滴、韵达、顺丰、京东、美团、饿了么、荣程智运等 17 家在津平台企业和群力汽车租赁等关联企业发出《工会劳动法律监督公开提示函》。针对货车司机、网约车司机、快递员、外卖配送员等新就业形态劳动者，各区总工会提醒各平台企业建立健全防暑降温工作制度，落实高温天气户外露天作业相关规定，提供必要的劳动保护用品、防暑降温饮料及药品，提高户外劳动者自我防护意识和能力，确保新就业形态劳动者在高温期间的身心健康。针对外卖配送员的工作特点，提示函要求平台企业及关联企业密切关注各配送区域天气预警信息，加强外卖配送员在高温天气作业岗前、在岗期间和离岗时的职业健康检查，及时采取综合控制措施，对外卖配送员配送范围作相应调整，合理优化取送路线，降低配送难度，减少外卖配送员暴露在户外的时间。

**创新亮点分析：暖心的“提示函”**

基于 TRIZ“减少有害功能”的创新思维，天津市 9 个区总工会通过《工会劳动法律监督公开提示函》，指导平台企业优化外卖配送机制。通过调整配送范围、规划高效路线等方式，既降低骑手户外暴露时长，又控制劳动强度。这项“减法改革”达到双重赋能的效果——既为劳动者撑起权益保护伞，又有助于推动企业合规经营，强化社会责任和人文关怀，提升企业形象。在工作过程中，天津工会通过精准服务提升了组织的凝聚力与感召力，成为新就业形态群体服务工作的创新范例。

该创新实践通过构建“权益保障＋合规经营”双轨机制，有效降低了劳动争议风险，成为维护社会和谐的重要抓手。工作呈现两大亮点：一是建立多元共治模式，通过工会政策引导与企业主体责任协同发力，确保劳动者权益保障工作精准落地；二是形成双向赋能效应，天津工会以《工会劳动法律监督公开提示函》彰显维权担当，企业以人文关怀塑造品牌形象，既筑牢了劳动者健康防线，又提升了社会效益与商业价值，实现了劳资双赢的可持续发展。

### 案例12：攀枝花市西区总工会快速化解劳动争议纠纷

近年来，攀枝花市西区总工会、区检察院、区法院以新时代“枫桥经验”为引领，建立劳动者合法权益保护协作联动机制，形成强大合力，快速化解劳动争议纠纷，及时维护职工合法权益。

一是启动迅速“一站式”受理。攀枝花市西区总工会与区检察院、区法院成立劳动争议多元化解中心，建立“定点联系—快速审查—及时答复”工作机制，采取接访即立案模式，加强部门协作，简化工作流程，实现“一站式”维权，让职工只“跑一次”，有效缩短维权周期，降低维权成本，让中心切实成为职工解决诉求的“终点站”。

二是优势互补“一条龙”办理。结合法院、检察院的专业优势与工会贴近基层的“娘家人”优势，运用“一函两书”，深入现场调研，精准开展劳动法律监督，并通过“工会核实 + 检察建议”“诉前调解 + 司法确认”等形式，实现赔偿核算、协议签署、司法确认等环节无缝衔接，案件调解成功率达 74.93%，有效减少了诉讼数量。

三是解纷履约“一揽子”解决。整合解纷资源，建立健全执行监督机制，设立专门执行团队，对调解结果进行全程跟踪监督，及时排除执行障碍，达成调解“最优解”。2023 年以来，办理职工维权案件 59 件，涉及职工 157 人，共挽回经济损失 225.9 万元。

**创新亮点分析：维权也要“降成本”**

从降低职工维权成本的角度看，劳动者合法权益保护协作联动机制的创新之处主要体现在以下几个方面：

一是构建多元化调解纠纷体系。通过整合工会、检察院、法院等多方资源，构建“一站式”劳动争议多元化解中心，使职工在遭遇劳动纠纷时，无须在多个机构间奔波，大大降低了职工维权成本。

二是建立快速响应的服务模式。通过定点联系、快速审查、及时答复的工作流程，确保职工诉求能够得到迅速处理。这种高效的响应机制，减少了维权过程中的等待时间，降低了因拖延而产生的额外成本。

三是调解与司法衔接，实现流程再造。通过“工会核实 + 检察建议”“诉前调解 + 司法确认”等形式，实现赔偿核算、协议签署、司法确认等环节的无缝衔接。这种流程创新降低了因流程不畅而产生的维权成本。

四是强化执行监督与保障，实现执行创新。设立专门执行团队，对调解结果进行全程跟踪监督，确保调解结果的顺利履行，增强了职工对维权机制的信任，降低了因执行难而产生的心理成本。

## 第二节　工会工作中的冲突解决原理与方法

产品作为多功能集成系统，由相互关联的多个零部件组成。当局部设计改进导致某方面功能提升时，可能引发关联部件性能失衡，造成技术冲突。TRIZ 认为产品创新的本质是持续解决三类冲突，即工程冲突（物理参数矛盾）、社会冲突（管理、组织、文化矛盾）和自然冲突（生态矛盾）。以社会冲突为例，决策机制矛盾属于管理矛盾，部门协作障碍属于组织矛盾，企业文化差异属于文化矛盾。

工会在解决劳动关系矛盾中发挥重要作用，其基本职能与 TRIZ 冲突解决范式高度契合。通过系统分析矛盾本质，借鉴冲突解决原理，可以创新工会工作方式，在动态平衡中实现组织效能提升，从而更好地构建和谐劳动关系。

工会工作面临多维矛盾体系，如劳资利益平衡、生产效能边界、价值导向冲突等。化解这些系统性冲突亟须创新方法论的支撑。TRIZ 冲突解决原理为此提供理论工具，其技术矛盾转化思维可迁移至社会领域，通过矛盾双方参数分析构建解决方案。基层实践中涌现出很多创新样本，系统总结这些经验既能反哺实践创新，又能推动工会工作创新升级。

### 案例 13：黑龙江省总工会“加减乘除”化解劳动争议

黑龙江省总工会创新推进工会参与劳动争议多元化解工作，2024 年上半年调解职工权益纠纷 151 件，涉及金额 1189.94 万元，办理职工法律援助案件 79 件，援助 125 人，挽回经济损失 341.19 万元。

一是强化组织保障，在夯实多元解纷基础上做“加法”。全省建立 338 个职工权益纠纷调解室，6862 个基层劳动争议调解组织，建设工会干部、劳动争议仲裁员、人民调解员、律师等参与的调解员队伍，形成省、市、县、企业四级网络。

二是畅通维权渠道，在优化定分止争流程上做“减法”。各职工权益纠纷调解室优化工作流程，确保及时接待、当场审查、快速指派、迅速处置。试点建设流动劳动争议调解室，让职工只进“一扇门”，化解矛盾、减轻诉累。

三是整合资源优势，在提升调解工作质效上做“乘法”。多地工会入驻人民法院调解平台，与人社等单位联合建立“零门槛”劳动纠纷联调联处机制。注重发挥工会调解优势，全程参与案件处置，实现劳动争议化解率和职工群众满意率倍增。

四是消除不稳定因素，在构建和谐劳动关系上做“除法”。聚焦重点企业、重点职工群体开展矛盾纠纷排查，分析研判劳动关系风险，发出劳动关系风险“绿蓝黄橙红”五色预警，做好矛盾风险排查化解，维护职工队伍稳定。

**创新亮点分析：化解矛盾的“方程式”**

黑龙江省总工会创新开展化解劳动争议与矛盾冲突工作，有效维护职工的合法权益，促进劳动关系的和谐稳定。与TRIZ常用的“分离原则”不同，黑龙江省总工会的“加减乘除”工作法更强调在全面、协作、联动方面下功夫，以此解开劳动关系的“和谐方程”。黑龙江省总工会工作有以下创新亮点：

一是组织保障的全面性。构建全方位、多层次的调解体系，确保无论在哪个层级或哪个地区，职工都能找到相应的调解机构来维护自己的合法权益。

二是维权渠道的高效能。优化工作流程，大大缩短了职工维权的时间成本，特别是流动劳动争议调解室的试点建设，将服务送到了职工身边。

三是资源整合的便捷性。通过入驻人民法院调解平台，与人社等单位联合建立“零门槛”劳动纠纷联调联处机制，充分整合了各方资源，形成了调解工作的合力。

四是预警机制的创新性。聚焦重点企业、职工群体开展矛盾纠纷排查，并发出劳动关系风险“绿蓝黄橙红”五色预警，通过预警机制，及时发现并化解潜在的矛盾风险，维护职工队伍的稳定。

### 案例 14：德清县乾元镇总工会打造“安薪驿站”

德清县乾元镇总工会前移矛盾调处关口，打造职工“安薪驿站”，以矛盾调解“微改革”撬动社会治理“大突破”，为构建和谐劳动关系、助推社会安全稳定进行积极探索，取得显著成效。

一是建好一支队伍。强化与企业工会以及信访、人社、司法、社会治理中心等部门的联动，建立由 8 名专业调解员和工会干部组成的劳资专管员队伍，值守劳动关系“晴雨表”，化解职工群众“烦薪事”。

二是强化一站调处。利用园区工会驿站服务阵地与当事职工即时交流、即时调解，实现矛盾纠纷案件“一线调处”“一站调处”，避免日结装卸工、货车司机等群体“多次跑”“多处跑”，在方便职工群众的同时提升服务效率。

三是致力一日办结。大幅优化调处办结流程，简单案件实现一天内办结。特别复杂的案件采取责任领导专题会商处理方式，力争“日清日结”，全力营造“安薪”环境。

**创新亮点分析：以“安薪”促安心**

劳动关系矛盾集中体现在劳资冲突上。这种冲突与 TRIZ 中的系统矛盾具有同构性——企业追求成本控制与经营效益的正向循环，而劳动者期望薪资最大化，二者形成天然冲突，尤其在私营企业和中小企业中，这种冲突更易外化为欠薪等显性矛盾。工会在构建和谐劳动关系过程中，需要创新工作方法，化解此类矛盾。德清县乾元镇总工会的“安薪驿站”创新实践通过薪资保障“微服务”，不仅筑牢劳动者权益底线，更通过“安薪—安心”的传导机制，实现劳动关系稳定与企业发展的正向循环。

一是建立专业化调解团队。通过组建由专业调解员和工会干部构成的劳资专管员队伍，实现了矛盾调处的专业化。调解人员具备专业知识和经验，能够更准确地识别问题根源，提出有效的解决方案，化解职工群众的“烦薪事”。

二是创建高效快捷调处流程。“安薪驿站”的“一站调处”模式大幅优化了调处办结流程，减轻了职工群众的心理负担和经济压力，也提升了工会的公信力。

三是实现部门联动与资源整合。通过强化工会与信访、人社、司法、社会治理中心等部门的联动，实现资源的有效整合，有助于形成合力，共同应对复杂的劳资纠纷，提高矛盾调处的成功率。

## 第三节　工会资源分析法及其应用

资源分析法的核心在于系统资源利用。系统资源包括现成资源、差动资源和派生资源三类。现成资源是在当前状态下可被直接使用的资源，差动资源是物质与场的不同特性形成的差异性资源，派生资源是需要通过某种手段进行转化利用的潜在资源。

运用资源分析法时需要遵循三大原则：集中优势资源保障核心系统运作；提升资源使用效率避免冗余；在特定时空条件下精准配置资源。此外，运用资源分析法还应注意资源回收（利用过程损耗）、共享资源（跨系统协同）、转化资源（变废为宝）等策略。

值得注意的是，理论阐释并非最终目的，资源分析法的价值在于实践应用。通过图示化工具（图 3-1）可以直观地呈现资源识别、评估和利用的全流程，使抽象方法论转化为可操作的决策框架。

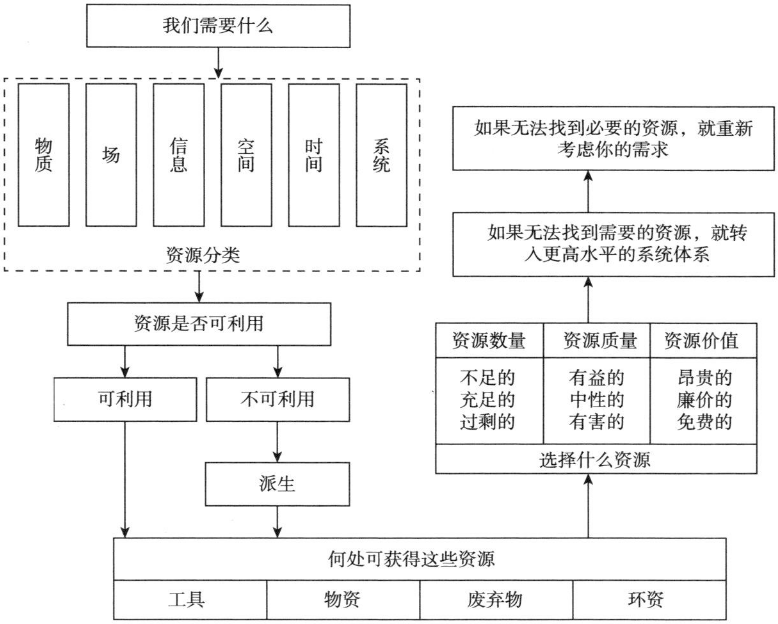


**图 3-1　资源分析流程图**

TRIZ 资源分析法为工会工作创新实践提供了系统性框架。具体可分为三步战略：

一是锚定目标，想好“我们要做什么”。以职工权益维护为核心，覆盖职业发展全周期需求，涵盖思想引领、技能提升、组织建设等维度，聚焦新业态劳动者服务、产业工人队伍建设等具体场景。

二是资源图谱构建，找准“我们有哪些资源”。形成“六位一体”的资源体系，包括政治资源，如全心全意依靠工人阶级的方针；法律资源，如《工会法》《劳动法》《劳动合同法》等法律法规；政策资源，如深化产业工人队伍建设改革的决定、群团改革的意见等；工作资源，如建功立业、创先争优、技能竞赛、劳模表彰等一系列工作载体；外部资源，如党委政府的领导支持；内部资源，如职工凝聚力与干部执行力的有机结合。

三是资源转化路径，确定“这些资源如何利用”。通过资源整合实现效能跃迁。纵向深挖法律政策红利，横向联动党政支持，内生激活职工创新动能，外化拓展服务场景。

**案例15：太原市物流货运行业工会联合会“线上＋站点＋货源”推动货车司机入会**

针对货车司机“在路上”“在站点”“在拉货”的特点，太原市物流货运行业工会联合会探索“线上＋站点＋货源”的入会模式，推动货车司机便捷入会，享受工会组织的服务。

一是手机线上入会。开发微信小程序，将“司机入会”“职工帮扶”“法律援助”等工会品牌加入小程序，链接山西省各大互联网货运平台，在接单页面增添入会专属订单，实现货车司机便捷入会。截至2024年底，已有570名司机通过小程序入会，200余人申报医疗互助。

二是服务站点入会。在互联网货运平台线下服务点建设职工之家、工会驿站、安康服务站等工会阵地，利用货车司机前往服务点注册、认证车辆等时机，开展工会服务，宣传入会政策。截至2024年底，已建职工之家1个、工会驿站6个、安康服务站1个，发展货车司机会员1400人。

三是货源协助入会。根据平台App发货人的交易量和好评率，积极联系发货方，从货源方面协助动员货车司机加入工会组织。截至2024年底，已有42名交易量800单以上、好评率91%以上的发货方工作人员加入了工会组织，并协助发展会员200余人。

**创新亮点分析：充分有效利用工会资源**

太原市物流货运行业工会联合会推进货车司机入会工作的实践逻辑暗合资源分析法的核心要义。

一是锚定目标，想好“我们要做什么”。精准聚焦新就业形态劳动者权益保障需求，以货车司机群体为突破口，构建“入会—服务”双轮驱动机制。

二是资源图谱构建，找准“我们有哪些资源”。基于货车司机的职业特性，建立“人—货—场”三维定位模型，依托物流园区、高速公路服务站等物理场景，结合货运信息平台数据流，实现劳动者触达路径的全覆盖。

三是资源转化路径，确定“这些资源如何利用”。创新“三位一体”资源集成模式，以工会组织网络为制度保障，以微信小程序、App等数字工具为连接，以职工之家、安康驿站等服务阵地为线下支撑，形成“线上精准触达—站点便捷服务—货源信息匹配”的闭环服务链。

## 案例16：昆明船舶设备集团有限公司“机制＋平台＋载体”模式深化群众性创新创效工作

昆明船舶设备集团有限公司深入推进群众性创新创效工作，采取企业工会建机制，团委搭平台，以“五小”活动为载体的办法，调动广大职工的积极性。公司工会牵头为职工“五小”项目提供专业技术指导；团委牵头组织对职工“五小”项目进行跟踪、收集，择优公开发表；工会出台管理办法对优秀“五小”成果进行奖励。

2024年4月，昆船公司团委对2023年“五小”成果进行评选，收集上报“五小”成果120余项，团委择优集中发表20项，工会对13项优秀成果奖励3万余元。年度参与项目数及职工数创历史新高，“五小”成果质量大幅提高。

**创新亮点分析：让工会资源“活起来”“合起来”**

昆明船舶设备集团有限公司群众性创新创效实践呈现清晰的资源整合逻辑。

一是锚定目标构建“全员创新生态”，打破部门壁垒，推动创新活动向基层纵深发展。

二是资源图谱构建，形成“四维资源体系”，整合长效激励机制的制度资源，创新工作室联盟的平台资源，劳动竞赛、技能比武等活动的载体资源，工团联动机制的协同资源，构成创新动能支撑网络。

三是资源转化路径，通过“机制保障—平台赋能—载体创新—协同联动”的闭环设计，将制度优势转化为创新势能，实现创新成果从“点状突破”到“体系化产出”的跃迁。

第四章

# 40 条发明原理与工会工作

TRIZ 发明原理体系根植于百万专利的深层解构，揭示了创新活动的本质规律，形成 40 条解决技术矛盾的核心法则。这些原理由阿奇舒勒系统提炼，构成 TRIZ 的基础方法论，其科学性在全球创新实践中被反复验证。值得注意的是，该原理体系具有跨领域迁移价值，许多原理可运用于工会工作创新之中。

经典 TRIZ 方法论遵循“问题转化—工具调用—方案落地”的三阶创新路径：首先，将待解决的具体问题经过抽象、提炼、转化，表达为 TRIZ 的“问题模型”；其次，利用 TRIZ 中的解题工具（如分离原理）得到“解决方案模型”；最后，将“解决方案模型”工程化，落地为具体问题的具体解决方案。

在将 TRIZ 发明原理向工会工作迁移时，工会干部要遵循适用性原则。40 条发明原理中那些带有强烈工程特色的方法，如“质量补偿”“曲面化”“振动”“多孔材料”“强氧化”“热膨胀”等，与工会工作不相干，显然不能套用。另外一些原理，如“分割”“抽取”“组合”“多用性”“嵌套”“预先防范”“反馈”“反向作用”等，尽管运用领域不同，但可以从原理或方法论的层面为工会工作提供借鉴。

## 第一节　分割原理的跨界运用

分割原理通过将物体或系统分割成多个部分，实现更高效、灵活的解决方案或使系统更易于管理。具体应用时，首先，进行初步分割，将物体拆分成多个部分以识别不同功能或属性；接着，根据功能或属性进行功能导向分割，进一步细分为具有特定功能的更小部分。在设计过程中还需考虑分割后的部分能方便、快速地组装和拆卸。运用分割原理，创新者能够更深入地理解问题本质，找到有效的解决方案。这一原理不仅适用于产品设计、工程设计领域，还可广泛应用于科学研究、企业管理等多个领域。

分割原理对工会工作同样具有深刻的启发。例如，分割任务与职责。在某项工作中通过分割原理，将总体工作细分为具体的任务和职责，明确每个部门和个人的责任范围，各司其职，压实责任，提高工作效率；实行服务模块化。将服务内容分割成多个模块，如法律咨询、职业培训、心理辅导等；分割问题与冲突。在面对复杂的问题或冲突时，运用分割原理将问题细化成多个子问题，逐一分析解决；分阶段处理。将问题的解决过程分割成不同的阶段，如问题识别、方案设计、实施执行、效果评估等，每个阶段都有明确的目标和任务，有序地推进问题解决。

需要注意的是，分割不是分离，也不是割裂，而是各部分在相对独立的状态下，实现共同的功能。在工会工作中应用分割原理进行创新，有助于实现工作的精细化、体系化、专业化和高效化，提高工会工作的针对性和有效性。

### 案例 17：四川省总工会构建“12351+12345”服务职工新模式

四川省总工会坚持以及时高效解决职工群众急难愁盼问题为工作导向，充分借力党政平台资源优势，积极构建以“电话互转、工单互办、业务协同、数据共享”为核心的“12351+12345”服务职工新模式，累计接听职工群众来电 2.8 万余通，追回金额 214.64 万元，职工群众满意度达 99.75%。

一是强化机制建设。通过积极协调，四川 12351 热线被四川省 12345 政务服务便民热线设为工会服务职工分中心，纳入 12345 跨部门协调机制。

二是完善业务体系。全面梳理 12351 热线与省 12345 热线业务工作逻辑，明确业务职能边界，打通业务底层数据通道，确保与省 12345 热线的顶层设计、数据标准、业务流程、工单办理保持高度一致。

三是抓实协同联动。与省 12345 热线协商，明确工作协同事项及处置流程，实现非职能范围话务在线实时转接，针对职工群众需多部门介入的诉求，生成工单后通过 12345 热线协调相关部门联动办理。2024 年累计互转电话 1859 通，互派工单 23 单，办结率达 100%。

**创新亮点分析：“分立”与“合力”的辩证法**

12351 是工会服务职工热线，12345 是政府便民热线。四川省总工会探索构建的“12351+12345”服务职工新模式，巧妙运用了

TRIZ 中的分割原理，理顺了两种热线的关系，形成协同运作机制。

12351 热线被四川省 12345 政务服务便民热线设为工会服务职工分中心，并纳入其跨部门协调机制。在 12345 热线系统中，12351 热线保持相对独立的同时，通过打通业务底层数据通道，与 12345 热线在顶层设计、数据标准、业务流程、工单办理等方面保持高度协同。这种分立与协同的结合，形成了强大的合力。12351 热线在接到工会职能范围外的话务时，可在线实时转接至相关部门；12345 热线在接到涉工诉求电话时，可实现无缝转接至工会服务。对于职工群众提出的多部门诉求，两热线能够协调相关部门联动办理。这一创新探索将工会工作融入党委和政府工作全局，构成维护职工权益、服务职工群众的“一盘棋”格局。

## 案例 18：大兴、武清、廊坊三地总工会携手共筑职工维权屏障

在北京、天津、河北三省市总工会的指导下，北京大兴区总工会、天津武清区总工会及河北廊坊市总工会加强沟通协作和交流互鉴，探索三地职工维权协同机制建设，丰富京津冀协同发展实践。

一是建立机制，共筑职工权益保障防线。签订《推进兴武廊协同发展工会工作联席会议机制》，明确加强职工队伍思想政治引领、深化产业工人队伍建设改革、强化职工维权服务等工作内容，建立定期研讨、日常联系、业务交流等工作机制，为三地跨区域职工权益保障工作奠定基础。

二是强化学习，深化京津冀工会工作联席会议机制。建立完

善职工维权协同机制，加强职工权益维护、构建和谐劳动关系和劳动争议调解等方面交流研讨，推动三地工会区域协同发展取得积极成果。

三是汇集智慧，探索新时代“枫桥经验”。召开兴武廊职工权益保障协同发展专题会，汇集知名院校、企业、律所、智库力量，通过“1+1+3+N”（1 场专题展览 +1 场圆桌会议 +3 场主题演讲 +N 项多元解纷机制）交流研讨，探索新时代“枫桥经验”实践途径，拓展三地工会职工维权协同的深度和广度。

**创新亮点分析：工会的创新“试验田”**

从地域上讲，大兴属于北京市、武清属于天津市、廊坊属于河北省，行政关系相互独立，工会关系亦互不统属，但三地相邻相近，有利于发挥各方优势，形成工会工作的创新“试验田”。这项工作的创新亮点在于，三地工会不仅体现了各自独立开展工作的能力，也彰显了协同合作中的高效率与高质量。

一是独立性。三地总工会在各自区域内自主开展具有地方特色的工作，更好地满足当地职工的需求，形成多样化的工会工作格局。

二是联合性。三地总工会通过《推进兴武廊协同发展工会工作联席会议机制》，建立紧密的协同合作关系，不仅加强了三地工会间的沟通与交流，还为实现职工权益保障的跨区域合作提供了制度保障，有助于打破地域壁垒，形成合力，共同推动工会工作的发展。

三地工会通过联席会议机制实现资源共享、信息互通、经验互鉴，形成优势互补效应，联合探索新时代“枫桥经验”创新实践，凝聚多方智慧构建多元化纠纷解决体系，成效显著，主要体现在：优化资源配置提升工作效率，推动区域工会服务均衡发展；深化工作内涵延伸服务领域，实现维权服务与职能拓展双突破；既为职工提供高效便捷的权益保障，又为工会改革注入创新动能，形成可持续发展的实践路径。

## 第二节　抽取原理的工会样本

抽取原理是通过系统分析筛选关键要素，剔除有害属性或提取有益部分，实现整体功能优化。其核心在于双重筛选机制：一方面，消除负面影响要素，提升系统效能与可靠性，如通过拔牙去除病灶牙齿以维护口腔健康；另一方面，提取核心功能要素，精简系统结构、降低运维成本，如企业将员工休息室与加工车间分开，不仅可以方便员工休息，而且可以使生产作业不受影响。作为TRIZ的核心发明原理之一，该理论不仅为工程技术突破提供创新路径，其思维方式对工会工作也具有启示价值。

在工会实践中，面对职工的多元诉求，抽取原理指导工会工作者运用“精准聚焦”策略，即通过需求信息筛选分析，剥离次要矛盾，锁定核心权益问题。例如，企业开展“4技5小2比”创新活动的实质是通过工艺缺陷的靶向消除实现整体改进。工会工作可借鉴此思维，在职工服务中剔除冗余流程，提高需求响应精度，既能提升工作效能，又能推动服务机制创新。这种跨领域的思维迁移展现了技术原理在人文服务领域的延展价值。

抽取原理不是简单的“去繁就简”或“提取精华”，而是一种系统的思维方法，要求在纷繁复杂的事务中，始终保持对核心目标的清晰认识，将资源和精力集中在关键的工作上。工会运用抽取原理的步骤是：明确目标，识别关键要素，提取有效信息，优化工作流程，创新服务内容，根据职工反馈进行评估与调整。

### 案例 19：沈阳市总工会建设“工间活动站”打造职工身边的职工之家

沈阳市总工会以“工间活动站”建设为抓手，不断探索联系服务职工群众的新途径、新模式，在生产岗位“零距离”服务职工，有效提升了基层工会服务能力。

自 2021 年以来，沈阳市总工会连续三年将在全市苦脏累一线车间班组建设“工间活动站”作为服务职工的十件实事之一。明确申报对象必须为生产型企业的生产型车间班组，同时明确“一有、两建、X 项自选”的建设原则，在不低于 20 平方米的独立场所、具备职工思想政治引领和休闲服务两类功能的基础上，企业可结合实际选择建设特色项目，实现功能化、实用化。至今已建成 491 个工间活动站，覆盖企业 300 余家，服务职工 9.3 万人，成为具有鲜明老工业基地特色和沈阳特色的服务阵地名片，受到企业党政和广大一线职工的欢迎。

2023 年，在建设生产一线“工间活动站”的基础上，沈阳市总工会将这一服务项目推广至重点产业园区、重点工程和重点项目工地，并探索“移动工间活动站”建设，推动“工间活动站”受益职工群体更加广泛。

**创新亮点分析：让职工活动站“活动”起来**

TRIZ 中的抽取原理具有双重创新维度：一方面通过剔除系统中的负面要素，消除功能冗余与冲突；另一方面通过强化核心功能组件，实现关键性能的跃升。沈阳市总工会“工间活动站”建设正是这一原理的生动实践。

一是抽取核心需求。通过岗位调研精准定位职工三大核心诉求：工间休憩、身心放松和思想引领，直接在生产线旁设置活动站点，实现工会服务“零距离”触达，破解传统服务覆盖盲区问题。

二是抽取并优化关键要素。创新“一有、两建、X 项自选”的配置模型。在确保活动站有独立的场所、具备基本功能（思想政治引领和休闲服务）的基础上，鼓励企业根据自身特点进行个性化建设，满足不同企业和职工群体的多样化需求。

三是抽取成功经验，创新服务模式。沈阳市总工会将“工间活动站”的成功经验推广至重点产业园区、重点工程和重点项目工地，扩大了服务范围，增强了工会组织的影响力和凝聚力。此外，通过进一步创新探索“移动工间活动站”建设，适应不同工地和项目的需求，为一线职工提供便捷的服务，进一步提升了工会组织的服务能力。

## 案例 20：北京市总工会开展“最美劳动者 微笑带回家”活动

2024 年春节前夕，北京市总工会举办“最美劳动者 微笑带回家”活动，为劳模工匠代表赠送记录他们日常工作精彩瞬间的“最美劳动者微笑照”以及新春“福包”。

“最美劳动者 微笑带回家”活动是北京市总工会“两节”送温暖品牌活动，这项活动最初由《劳动午报》发起，已坚持多年。通过为一线劳动者送温暖、送祝福，把党和政府以及工会组织的温暖送到职工心坎上。活动得到中央、市属主流媒体的广泛关注，《北京新闻》、《北京日报》、《新京报》、新华网、光明网、央广网等多家媒体发布相关稿件 200 余篇。这一活动在全社会大力弘扬劳模精神、劳动精神、工匠精神，让劳动光荣、技能宝贵、创造伟大在全社会蔚然成风，唱响了时代主旋律，传播了社会正能量。

**创新亮点分析：抽取最美的瞬间**

如何塑造丰富立体的劳动者形象、向社会各界展现劳动者最美的一面？北京市总工会举办的“最美劳动者 微笑带回家”活动给出了答案。两节前夕农民工返乡之际，北京市总工会联合《劳动午报》为劳动者拍摄“最美瞬间”带回家乡。该项目反响热烈，现已发展为工会系统的品牌服务项目。

“最美劳动者 微笑带回家”活动，在传统的送温暖活动基础上进行创新，通过赠送“最美劳动者微笑照”，将劳动者的日常工作瞬间定格为永恒，不仅记录了他们的辛勤付出，还传递了工会对他们的尊重，社会与他们的情感共鸣以及人文关怀。活动特别关注快递员、外卖员等新就业形态劳动者群体，为他们赠送新春

“福包”，体现了工会组织对新经济、新业态下劳动者合法权益的关注。

“最美劳动者 微笑带回家”活动作为北京市总工会的品牌活动，形成了良好的社会效应和品牌影响力。这种持续性的品牌建设，将一项传统的送温暖活动提升为具有深远社会意义和文化价值的社会活动，增强了工会组织的凝聚力。

## 第三节 组合原理的移植融通

组合原理是 40 条发明原理中的一个重要原理，其核心是通过整合不同元素、功能或操作，实现系统优化和效率提升。组合原理强调将两个或多个独立的部分或功能组合在一起，以形成一个新的、更优化的系统。这种组合可以是空间上的合并，即将同类或相邻的物体进行合并；也可以是时间上的合并，即将同类或相邻的操作在时间上连续进行。

组合原理对工会工作具有深刻的启示。一是资源整合与共享。通过运用组合原理，建立统一的资源平台，整合优势资源更好地为职工服务；二是功能与服务的融合。通过组合原理，可以将工会服务功能进行有机融合，形成全方位综合性的服务体系，如设立“一站式”职工服务中心，集培训、咨询、活动等多功能于一体，为职工提供便捷、高效的服务；三是跨部门、跨领域的合作。联合相关部门，打破部门壁垒，形成合力服务职工群众。目前的工会工作中，有很多利用组合原理实现创新的案例，如“党建带工建”的组织建设体系、“工会 + 检察”的法律服务体系、“工会 + 社会”的维权服务体系、产教融合的职工教育体系等。

### 案例 21：立白集团“党建带工建”让思想政治工作充满活力

立白集团在工会工作中坚持“党建带工建”，创新职工思想政治工作载体。

一是关爱职工，夯实思想政治工作基础。设立工会服务站，提供职工保障、女性关爱等 8 大类 25 项服务，实现线上“360 度 24 小时全方位贴心服务”。设立关爱职工基金，对遭受重大疾病、重大意外伤害的职工及其直系家属进行经济援助。设立爱心妈妈小屋，为特需女职工提供舒适贴心的空间。设立职工医疗服务中心，对职工免诊金一对一就诊，解决 42 种常见病诊疗。

二是寓教于乐，创新思想政治工作载体。紧抓青年职工特征，开展全国首个党建活动网络直播，“党员摇一摇，书记聊一聊”被中组部选入“两学一做”学习教育先进典型案例。2020 年，推出《立白党建“许许”道来》系列党课，获评广东省“全省百堂精品党课”。

三是责任公益，拓宽思想政治工作途径。2020 年，向中国红十字会总会捐赠 2 亿元消毒除菌产品并自行配送至全国 363 个城市 2000 多家定点收治医院。职工积极参与各项公益工作，用实践和担当夯实职工队伍的思想政治根基。

**创新亮点分析：发挥“组合拳”的力量**

立白集团作为一家非公企业党建先进单位，其创新实践可从 TRIZ 组合原理的视角解析，具体体现在以下三个方面：

一是党建工作与工会工作的组合。将党建工作与工会工作紧密结合，不仅加强了党对工会工作的领导，也通过党建工作提升了工会工作的质量和水平。

二是线上活动与线下活动的组合。紧紧抓住青年职工特点，创新性地开展全国首个党建活动网络直播活动，扩大了活动的覆盖面和影响力。线上活动能够更便捷地传达党的声音，线下活动能够更深入地了解职工的思想动态和需求。

三是思想教育与工作实践的组合。不仅注重职工的思想政治教育，还积极发动职工参与各项公益工作。在开展职工思想政治工作时，既注重传统的教育方法，也积极引入创新的方法，促进推陈出新，适应时代的发展和职工的需求变化，增强了思想政治工作的效果。

## 案例 22：北京市总工会“劳模 + 工会”助力职工法律援助

2020 年，北京市总工会创新工会职工法律援助服务形式，组建工会劳模法律服务团，将劳模精神、劳动精神与法律援助有机结合，充分发挥劳模法官和劳模律师专业优势，为职工提供面对面、一对一的法律专家服务，构建形成“1+5”职工法律援助服务体系。

工会劳模法律服务团共有 21 名成员，包括享受市级及以上劳模待遇的 8 名法官和 13 名律师，以 12351 工会服务职工热线平台为依托，开通劳模律师咨询专线，为职工提供法律咨询服务，并在此基础上进一步丰富维权服务内容，开设劳模大讲堂，为基层工会送法上门；发布劳模律师点评案例，为职工以案释法；组织劳模在线说法，宣讲法律政策知识；委托劳模律师代理案件，为职工仲裁和诉讼提供支持帮助；委派劳模律师调解劳动争议，化解劳动关系矛盾纠纷。

截至 2024 年底，工会劳模法律服务团累计专线值班 126 人次，服务职工 358 人次；举办讲堂 26 场，培训 7000 多人；在工会报刊发布案例 94 篇，在央视媒体发布《在线说法》栏目 20 期；代理职工劳动争议案件 32 件，参与调解劳动争议 20 件，为职工挽回经济损失近 3000 万元，得到职工高度认可和社会广泛好评。

**创新亮点分析：劳模精神处处闪光**

劳模精神不仅体现在生产活动中，也体现在对职工的法律援助工作中。北京市总工会组建工会劳模法律服务团，实现了劳模精神与法律服务的深度融合。劳模法律服务团充分利用劳模在专业领域的深厚功底和丰富经验，为职工提供高质量的法律服务。这一创新举措赋予了劳模精神新的时代内涵。

工会劳模法律服务团提供面对面、一对一的法律专家服务，是对 TRIZ 组合原理的典型应用，确保职工能够直接、便捷地获得专业的法律帮助，增强了服务的针对性和实效性。除了基本的法律咨询，服务团还通过开设劳模大讲堂、发布劳模律师点评案例、组织劳模在线说法等多种形式的服务，丰富了法律服务的内容，满足了职工多样化的法律需求。以 12351 工会服务职工热线平台为依托，开通劳模律师咨询专线，这一创新举措打破了时间和空间的限制，使得职工能够随时随地获得法律帮助。通过举办送法上门等活动，将法律服务延伸到基层工会和职工身边，增强了服务的覆盖面和影响力。

劳模服务团的工作不仅得到了职工的高度认可，还获得了社会的广泛好评，同时也推动了劳模精神不断发扬光大。

## 案例 23：重庆市渝中区总工会深化“七方联动机制”多元化解劳动争议

重庆市渝中区总工会践行新时代“枫桥经验”，建立“工会+法院+人社+司法+信访+税务+检察院”七方联动机制，有力促进劳动关系和谐稳定。

一是“组合式”发力，做强“七方联动机制”。建立直调、仲调、诉调、访调、援调、社保争议联合调、公益诉讼调的全流程解纷体系，打好多元解纷“组合拳”，形成“调裁审援服”工作闭环，累计联合处置纠纷 8000 余件，建成高质量劳动争议全域联动的“大调解”工作格局。

二是“拼盘式”支持，做细“N 方会商”。在渝中区总工会设立劳动争议矛盾纠纷源头治理工作室，充分发挥“统”的优势，推行一般问题“周督办、月研判、季分析”，厘清相关部门责任，协同解决问题；推行突出问题集体会商，群策群力研判风险，成员单位依据职能职责配合工会依法调解。

三是“多链式”渠道，做优“双向服务”。引入仲裁庭、云法庭、数智调解等功能，实现“一站式”云上解纷，平均维权周期缩短至 12 天，有效提升解纷质效；协同区人社局、区检察院深入开展企业劳动用工指导，下发《劳动用工二十大法律风险建议清单》，前端预防矛盾纠纷；与高校、社会组织等密切合作，为近420名职工提供心理关爱、困难帮扶等服务，多元解决职工需求。

**创新亮点分析：创新“七方联动”，化解劳动争议**

重庆市渝中区总工会建立“工会 + 法院 + 人社 + 司法 + 信访 + 税务 + 检察院”七方联动机制，以新时代“枫桥经验”为指引，构建起劳动争议多元化解体系，实现了劳动争议处理机制的创新和突破。不仅提高了劳动争议的解纷质效，也促进了社会关系的和谐稳定。

一是创新机制，构建全域联动大调解格局。通过整合工会、法院、人社、司法、信访、税务、检察院等多方资源，建立了全流程解纷体系，形成了“调裁审援服”工作闭环。这种多元主体协同的机制创新，打破了传统单一部门处理劳动争议的局限，实现了资源的优化配置和高效利用。

二是源头治理，强化会商协同解决问题。设立劳动争议矛盾纠纷源头治理工作室，对于一般问题“周督办、月研判、季分析”，及时发现问题、分析问题、解决问题；对于突出问题推行集体会商机制，群策群力研判风险，各成员单位依据职能职责依法调解。这种集体会商的方式，增强了各部门之间的协同作战能力，提高了问题解决的针对性和实效性。

三是云上解纷，优化双向服务。引入仲裁庭、云法庭、数智调解等功能，实现了“一站式”云上解纷。这种数字化、智能化的解纷方式，大幅缩短了维权周期，使职工权益得到更快速、更有效的保障。

渝中区总工会“七方联动机制”是对 TRIZ 组合原理的生动实践，其运行实效建立在工会强大的协调能力之上。联动机制更好地发挥作用需要工会干部不断提高综合素质：发展精湛的业务能力确保工作有专业支撑；增强责任意识，驱动主动作为；根植深厚的职工情怀，凝聚各方共识。实践表明，这些内在品质往往比短期工作成效更具根本性价值。

## 案例 24：阳新县总工会“工会 + 法院”合力联动化解劳动争议

阳新县总工会探索建立“工会 + 法院”劳动争议诉调对接机制，打造职工维权服务新模式。2021 年以来，办理诉调对接劳动争议案件 379 件，调解成功 337 件，实现劳动争议案件 87% 化解在诉前。

一是“一站式”调处。打造“工会 + 法院 + 人社”劳动争议“一站式”调处平台，与人民调解、司法调解、仲裁调解密切联动，促进程序衔接、资源整合、信息共享，让涉案当事人“只进一扇门”，实现纠纷“一揽子”解决，为劳动争议调处化解按下“快进键”。

二是数字化赋能。利用网络调解和“微法庭”平台，提供跨地域、全流程在线解纷服务，引导职工线上申请和提交资料，变“职工跑”为“数据跑”，以灵活方式引导争议双方协商调解，促使调解案件数量与调解成功率“双提升”。

三是外延化维权。依托“工会 + 法院”温州联系点，为阳新县外出务工人员提供异地法律服务，建立“法院＋工会＋商会”三方联动机制，实行疑难个案远程协助、集中需求上门服务，切实解决外出务工人员的急难愁盼问题。

**创新亮点分析：职能有边界，服务无止境，联合有力量**

阳新县总工会创新构建的“工会＋法院”劳动争议诉调对接机制，打破了部门职能边界，将 TRIZ 组合原理深度融入治理实践。该机制通过整合工会维权职能与司法调解资源，在职工权益保障领域形成“1+1>2”的协同效应，既体现了多部门使命担当的交集共振，又开创了劳动争议多元化解的新范式。

一是跨界合作，构建多元共治格局。打破传统部门壁垒，实现工会与法院之间的跨界合作，同时融入人社部门资源，构建多元主体共同参与的劳动争议解决体系。这种合作模式不仅提升了治理效能，也体现了社会治理现代化的要求。“工会＋法院＋人社”的合作模式，实际上形成了一种社会共治的格局，让不同社会组织和政府部门在劳动争议解决中发挥各自优势，共同维护职工权益和社会稳定。

二是技术驱动，提升公共服务效能。利用网络调解和“微法庭”平台，实现了劳动争议解决的数字化转型。这一做法降低了成本，提高了服务效率，使服务更加便捷、可及，符合当前公共服务数字化转型的大趋势。数字化手段，如在线申请、资料提交、远程调解等，为职工提供了更加智能化、个性化的服务，满足了不同职工群体的多元化需求，提升了公共服务的整体质量和职工满意度。

三是服务延伸，延长维权手臂。依托联系点为外出务工人员提供异地法律服务，体现了对流动人口，特别是外出务工人员的关注和关怀。通过建立“法院 + 工会 + 商会”三方联动机制，针对疑难个案提供远程协助，对集中需求提供上门服务。这种精准化的服务模式有助于解决特定群体的特殊问题，提升了公共服务的针对性和有效性。

四是法治引领，促进社会和谐稳定。工会与法院的紧密合作，强化了法治在劳动争议解决中的引领作用，在保障职工合法权益得到法律有效保护的同时促进了企业依法用工，维护了劳动市场的公平正义。高效、公正的诉调对接机制使大量劳动争议得以在诉前化解，减少了社会矛盾，促进了社会的和谐稳定。

## 第四节　多用性原理的扩展应用

TRIZ 的多用性原理倡导通过赋予系统多功能性实现效能跃升，进而简化产品结构、提高产品的整体性能和可靠性。

这一理念在工会工作中展现出显著的创新价值。例如，在空间利用上，将职工书屋升级为“学习 + 活动 + 休闲”的复合空间，将服务中心整合为集就业、咨询、救助、法律援助等四项职能于一体的综合服务空间；在流程优化上，将调查研究与技能竞赛、慰问帮扶、权益维护等业务有机融合，形成“调研—服务—维权”的闭环链条；在人才培养上，推动工会干部向“专岗 + 多能”转型，构建适应新时代工会工作需求的复合型人才矩阵。这种“一专多能、多岗融合”的运作模式，既体现了资源优化配置的智慧，又开创了工会服务转型升级的新路径。

### 案例 25：长兴县工人文化宫擦亮惠工“金名片”

长兴县工人文化宫聚焦职工思想政治引领，打出自主运营与“两性两化”运作组合拳，以“公益 + 基金”的阵地运作新模式精准帮扶困难职工，充分发挥县级工人文化宫服务主阵地作用。

一是推进“两性两化”。运用社会资源和市场机制公开招募培训学校入驻，以职工点单、投票的方式确定开课表。将技能培训与转岗就业结合起来，面向困难职工定向推出美容美发、民宿管家等 10 余个技能提升项目，累计培训职工 2000 余人次，帮助 1000 余名职工实现就业和再就业。

二是回应职工需求。在全县范围内实现工人文化宫活动阵地共享、人才队伍共用、大型活动共办、管理机制共建，基层工会有需求，工人文化宫立即有回应。自 2023 年 12 月正式运营以来，为有需求但时间无法集中的企业送服务上门 100 余场，职工满意度达到 98%。

三是创设公益基金。发起“2 元微爱助力，益起畅享运动”公益活动，参加活动即可申请使用文化宫文体场馆，引导职工参与工会公益基金募集，以慈善捐款增加基金池。2024 年以来，累计预约超过 8000 场，参与职工突破 4 万人次，累计募集资金超过 340 万元，为大病困难职工发放补助款 110 余万元。

**创新亮点分析：打造多种“宫能”的文化阵地**

长兴县工人文化宫在运用多用性原理发挥多种功能方面展现了诸多创新亮点。通过教育培训与职业发展功能的融合、文化交流与社区凝聚功能的强化、公益服务与职工关怀功能的创新、线上线下融合的服务模式创新，以及资源整合与协同合作的功能拓展，文化宫不仅为职工提供了丰富多彩的服务和活动，还成为职工成长、交流、关怀的重要平台。

从 TRIZ 的多用性原理角度来看，长兴县工人文化宫实现了教育培训与职业发展功能的融合，不仅提供传统的文化娱乐活动，还积极引入职业技能培训，如美容美发、民宿管家等，将文化宫打造成为职工职业发展的服务平台。通过职工点单、投票确定开课表的方式，让职工参与到课程设计中，使得培训内容更加贴近职工实际需求，增强了教育培训的针对性和有效性。

在服务内容方面，文化宫通过阵地共享、人才队伍共用、大型活动共办、管理机制共建的“四共”模式，实现了公益服务与职工关怀功能的创新。通过举办各类文化活动、艺术展览等，促进了职工之间的交流与互动；通过创设公益基金，发起“2 元微爱助力，益起畅享运动”等公益活动，实现了公益服务的多元化和精准化。

在服务方式方面，文化宫通过公开招募培训学校入驻、送服务上门的方式，实现了资源整合与协同合作的功能拓展。文化宫还与基层工会、企业等建立了紧密的合作关系，共同举办活动、提供服务，形成了协同合作的服务网络，进一步拓展了文化宫的功能，加强了文化宫的影响力。

**案例 26：晋江市总工会开发微信小程序，做好货车司机专项服务**

晋江市总工会开发“晋江司机之家”货车司机专属服务微信小程序，进一步吸引凝聚服务货车司机。

一是大抓基层，构建暖“新”之家。在打造线下司机之家的基础上，开发“晋江司机之家”微信小程序，主动对接交警大队、交通运输局等市直部门入驻，整合政府、工会、社会等多方面资源为货车司机提供服务。

二是“线上 + 线下”，一键吸纳新会员。线上通过微信公众号开展关爱货车司机系列活动，在抖音、快手等短视频平台宣传介绍微信小程序，吸纳司机入会。线下在共享司机之家、合作酒店设置二维码，引导货车司机扫码便捷入会。微信小程序运行半年多，访问量突破 89.76 万人次，货车司机注册会员达 6326 人。

三是联动服务，连接资源“全方位”。微信小程序提供便捷入会、住宿服务、货运资源、线下之家、住宿补贴等服务板块，实时更新住宿、货运、加油、停车、修车、年检、入会等服务信息。加载停车场、大货车修理厂、年检站、司机之家、工会驿站等位置信息，方便货车司机一键导航到线下实体店（站）。对接“龙易配”与“融易通”网络货运平台，解决货车司机接单困难、空车率高等问题，为货车司机提供“一路相伴”的工会服务。

**创新亮点分析：小程序对接“大服务”**

“晋江司机之家”货车司机专属服务微信小程序的创新亮点在

于应用 TRIZ 多用性原理，使一个小程序发挥多项服务功能。

一是线上线下融合。小程序不仅提供了线上服务，还紧密结合了线下实体服务，如共享司机之家、合作酒店等，实现了服务的全方位覆盖。这种线上线下融合的模式，增强了服务的便捷性和可及性。

二是多项功能组合。“一键入会”功能方便司机“扫码入会”，享受会员服务；联动服务功能为司机提供住宿、货运资源、加油停车、修车年检等信息，满足货车司机在不同场景下的需求，精准解决货车司机的难点痛点。这种多项功能组合的服务体验，极大地简化了操作流程，提高了服务效率。

三是多部门资源整合。工会对接交警大队、交通运输局等市直部门，整合政府、工会、社会等多方资源。这种跨部门的资源整合，实现了服务资源的共享和优化配置，有效解决了货车司机接单困难、空车率高等实际问题，让工会服务真正实现了与货车司机的一路相伴。

以微信小程序为媒介整合资源，工会服务得以更加深入地渗透到货车司机群体中，增强了工会对货车司机等新就业形态群体的凝聚力和吸引力，实现了工会服务的创新。

## 第五节　嵌套原理的借鉴参考

嵌套原理也称套叠法，是将一个物体放入另一个物体内部，或者让一个对象通过另一个对象的空腔，实现彼此吻合、组合或内部配合的设计。嵌套设计可以增加产品的功能，提高产品的灵活性。除了物理空间的嵌套，如俄罗斯套娃、可伸缩天线等，嵌套原理还可以用在功能整合领域，即将不同的功能或操作嵌套在一起，提高产品的使用效率。

嵌套原理对工会工作创新具有启示意义，有助于工会工作实现资源整合与高效利用，避免重复浪费。例如，通过组织结构嵌套，将不同部门或功能小组进行有机组合，实现资源共享和协同工作，提升整体效率；通过服务嵌套，形成综合性的数智化服务平台，为职工提供更加便捷、高效的服务体验；通过活动嵌套，将不同主题和形式的活动组合设计，实现多重目标，提高活动的影响力。

### 案例 27：中国铁路南昌局集团有限公司龙岩工务段工会三重关爱服务呵护高铁夜班职工身心健康

中国铁路南昌局集团有限公司龙岩工务段工会针对高铁夜班职工作息颠倒、体能下降、生活单调等状况，推出三重关爱服务，呵护高铁夜班职工身心健康。

一是推出夜班职工健康“充电站”。建立以“共担时代责任、共促高铁发展”为主题的健康训练营，每周集训 4 天，每天锻炼 2 小时，把职工从宿舍中拉出来、从网络上拽下来，带动职工进行基础体能训练、队列训练和素质拓展活动，使夜班职工体能得到明显提升。

二是推出夜班职工心理“疏导站”。建立心理健康咨询室，开辟微信公众号“心灵驿站”专栏，提供 24 小时心理援助热线服务，聘请专业心理医生举办心理健康知识讲座。40 余名职工的生物节律紊乱和失眠、焦虑等情绪问题得到疏导，职工的家庭、人际关系困扰问题得到解决。

三是推出夜班职工生活“服务站”。在 5 个高铁综合维修工区提高餐补、丰富菜品；打造保健室、减压室、文化活动室，提供健康自助监测服务；组织志愿者开展理发、快递领取等服务，让职工感受到大家庭的温暖；举办联谊交友活动，使 380 余名外地青年职工相继在沿线站区结婚安家。

**创新亮点分析：关爱“套餐”的味道**

中国铁路南昌局集团有限公司龙岩工务段工会服务夜班职工活动推出三重“套餐”，集成了健康服务、心理服务、生活服务多项内容，构建了身心并重的全方位关爱体系，切实解决了职工生活中的实际问题，提升了职工的生活质量。

多层次服务体系的构建，有助于全面提升职工身体素质，帮助职工缓解工作压力，调整心理状态，提高心理韧性，提升生活品质，让职工感受到工会的关怀和温暖。个性化服务更加贴近职工的实际需求，提高了服务的针对性。通过服务的整合，龙岩工务段工会形成了一个层层套叠的综合性关爱服务体系，不仅扩大了服务的覆盖面，还使各项服务之间相互补充、相互促进，形成了良性循环。

## 案例 28：重庆市沙坪坝区总工会打造“沙磁工韵”实现服务融合创新

“沙磁文化”是重庆市沙坪坝区在漫长的革命斗争中形成的为国为民、崇文尚教、合和共生、生生不息的文化精髓，是沙坪坝区一张亮丽的文化名片。沙坪坝区总工会创新融合地方文化与工会工作，推出“沙磁工韵”六大精品服务。

一是扎牢“红岩桩”。建立政治引领、基层网格和宣讲三支队伍，实现劳动领域政治安全“扎桩结网”。182 名工会干部联动化解纠纷 710 件。

二是建好“娘家屋”。推出“建会入会导航图”“职工阵地定位图”“服务菜单展示图”，覆盖全区 265 个服务阵地，提供夜校培训、心理咨询等多元服务。

三是打造“赛马场”。通过“五一表彰选送”“劳模工匠选育”和“产改典型选塑”，营造争先氛围。“大马小马同路行”“产改六更”等行动培养 2000 余名高技能人才。

四是搭建“和顺馆”。联动“民主协商、部门协作、权益协调”促和谐，整合“师资、场景、需求”提素养。通过构建“15 分钟服务圈”、建设“友好街区”等“惠”暖人心。

五是激活“工分榜”。推出“沙磁工分”积分制，搭建商家志愿者联盟，5000 余名职工通过参加工会活动兑换物品、服务和消费优惠券。

六是开通“直播间”。设立“沙工直播间”，通过“职工云直播”和“技能云比拼”展示劳模工匠风采，吸引职工参与线上互动，推动劳模精神的传播。

**创新亮点分析：全景文化推动全面创新**

习近平总书记指出，文化是一个国家、一个民族的灵魂。文化自信是更基础、更广泛、更深厚的自信。对工会工作来说，建设新时代工会文化、职工文化是应有之义。文化包含多方面的内容。从沙坪坝区总工会推出的“沙磁工韵”六大精品服务不难看出，“沙磁工韵”嵌套着以下创新内容：

一是“红岩桩”的思想引领。通过将红色基因与工会工作结合，建立思想引领机制，不仅筑牢了劳动领域的政治安全网，还传承和弘扬了红岩精神，增强了职工的爱国情怀和责任感。

二是“娘家屋”的文化氛围。工会服务阵地融入了地方文化特色，既方便了职工，又营造了浓厚的文化氛围，使职工在享受服务的同时，感受到地方文化的魅力。

三是“赛马场”的激励机制。通过“五一表彰选送”“劳模工匠选育”等活动，激发职工的争先创优意识，培养大量高技能人才。这种文化激励机制促进了人才成长，提升了职工队伍的整体素质。

四是“直播间”的传播手段。直播展示劳模工匠风采的创新文化传播方式不仅扩大了劳模精神的影响力，还增强了职工的归属感和荣誉感。

五是“和顺馆”的和谐构建。通过民主协商、部门协作等方式，促进劳动关系和谐稳定，同时汇聚各方资源提升职工素养，有助于构建良好的社会治理环境。

沙坪坝区总工会的精品文化服务构建了全方位的服务体系，

体现了人文关怀，展现了工会文化的独特魅力，推动了工会工作的创新发展。

## 第六节　预先防范原理的引申推广

预先防范原理强调在系统运行前，预先准备好相应的应急措施，以提高系统的可靠性。其核心思想是提前识别潜在的风险和问题，并准备好相应的应急措施。应用预先防范原理，能够降低系统运行过程中的风险，实现在工作中积极主动预判和应对问题，防患于未然。

预先防范原理对工会工作具有多方面的启发，有助于工会干部更好地履行职责，加强预警预判，维护职工权益，构建和谐劳动关系。

### 一、风险预警与防范机制的建立

工会工作涉及职工劳动安全、权益保护、劳动关系协调等多个方面，面临着复杂多变的环境和潜在的风险。预先防范原理强调在问题出现之前采取预防措施，这启发工会在工作中建立和完善风险预警与防范机制。

一是风险识别与评估。定期对本地区、本系统、本单位的经济运行状况和劳动关系进行监测，对涉及职工切身利益的问题进行调查研究、分析识别，找到潜在的风险点，对风险状况进行评估，做好应对预案。

二是预警机制建设。建立健全劳动关系风险监测、预防、处置机制，完善研判分析、信息报送、结果反馈等全流程工作机制，打造覆盖广泛、运行顺畅、反应迅速的工会劳动关系监测系统。

## 二、职工权益维护的提前介入

预先防范原理提醒工会工作要具有前瞻性和主动性，在职工权益受到侵害前提前介入，采取预防措施。

一是政策参与和制定。积极参与政府和相关部门的政策制定过程，从源头保障职工权益，防止侵害职工权益的情况出现，这就是我们所说的源头维护。

二是法律援助与咨询。在发现风险苗头时，为职工提供及时有效的法律援助和咨询服务，帮助职工了解自身权益，避免或化解劳动纠纷。

## 三、劳动关系协调的主动作为

在劳动关系协调方面，预先防范原理要求工会主动采取措施，维护职工权益，促进劳资双方的和谐共处。

一是民主协商机制。建立和完善民主协商机制，鼓励劳资双方就涉及职工切身利益的问题进行平等协商，达成共识，预防矛盾的产生。

二是权益维护机制。哪里的职工权益受到侵害，哪里的工会组织就要站出来说话，旗帜鲜明地维护职工权益。

三是心理疏导与关怀。关注职工的心理健康，提供心理疏导和关怀服务，帮助职工缓解工作压力、解决情绪问题，预防因心理问题引发的劳动纠纷。

**案例 29：四川省德阳市总工会开展劳动稳定风险监督工作**

为帮助企业及时有效应对经济结构调整带来的劳资风险，构建和谐稳定的劳资关系，2021 年以来，四川省德阳市总工会开展了以“十个一”为主要内容的企业劳动稳定风险监督工作，即为企业开展劳动用工法律风险排查一次，在职工队伍中开展职工队伍稳定隐患排查一次，为企业经营管理人员和职工开展法律讲座一次，为企业提供法律和决策咨询一次，为企业制定防范和避免法律风险的“法律处方”一次，帮助指导企业按“法律处方”规范整改一次，指导企业工会调处企业内部劳资争议案件一批，开展一次困难职工摸底排查着力解决一批职工困难，指导开展集体协商一次，推动企业与职工签订集体（专项）合同一份。

截至 2024 年底，德阳市总工会共为 90 家行业代表企业开展用工隐患排查，举办法律专题讲座 90 场，开具“法律处方”90 份，帮助企业消除劳资领域风险点 930 余个，指导企业签订集体（专项）合同 118 份，帮扶困难职工 134 人次。被排查企业劳资关系和谐稳定，无一例侵害职工合法权益案件发生。

**创新亮点分析：预防重于治疗**

四川省德阳市总工会的劳动稳定风险监督工作通过前瞻性风险识别、定制化法律指导、精准化风险防控策略、闭环式监督与整改、多元化纠纷解决机制等，有效预防了劳资风险，促进了劳资关系的和谐稳定。

一是前瞻性风险识别与评估。通过为企业开展劳动用工法律风险排查和在职工队伍中开展职工队伍稳定隐患排查，实现了对劳资风险的前瞻性识别，有助于及时发现潜在问题，制定有针对性的预防措施。

二是定制化法律指导与服务。通过为企业经营管理人员和职工开展法律讲座，为企业提供法律和决策咨询，德阳市总工会帮助企业更好地适应法律环境，规避法律风险。

三是精准化风险防控策略。德阳市总工会创新性地为企业制定防范和避免法律风险的“法律处方”，为企业提供了明确、可行的风险防控策略，有助于企业快速、有效地整改存在的问题，降低劳资纠纷发生的概率。

四是多元化纠纷解决机制。通过指导企业工会调处劳资争议案件，推动企业与职工签订集体（专项）合同，构建多元化的纠纷解决机制，有效预防和化解劳资纠纷。

### 案例 30：扬州市总工会打造“工会枫桥”新模式

2023 年 7 月，扬州市总工会牵头建立劳动争议多元化解中心，充分发挥工会参与协商调解职能，将非诉讼纠纷解决机制挺在前面，有效缩短劳动者维权周期、降低维权成本。截至 2024 年 8 月底，累计接待职工群众来访 639 人次，成功化解劳动争议 327 件，涉及争议金额 3265.66 万元。

一是整合各方资源。扬州市总工会牵头联系市人社局、市司法局、市中院、市检察院，立足各自职能，建立信息沟通、联动调解、协作配合等机制，共同构建阶梯式、多层次的“工会＋法院＋检察院＋人社＋司法”劳动争议多元化解工作体系。

二是强化非诉化解。把工会参与协商调解贯穿劳动争议处理全过程，积极引导职工优先选择协商调解等形式化解纠纷，形成企业内部协商先行、促进和解，工会调解、劳动监察、仲裁办案协同跟进、分流处理，法院诉讼托底、快审快结的分级化解模式。

三是紧抓事前防范。加强工会法治宣传和劳动法律监督，将“一函两书”纳入劳动争议多元化解协作机制，坚持关口前移、重心下沉，大力推行教育在先、预警在先、防控在先，着力推进“事后调解”向“事前防范”转变。

**创新亮点分析：要做“事前诸葛亮”**

扬州市总工会建立的劳动争议多元化解中心，着力事前防范，做“事前诸葛亮”，通过构建多层次预防体系、推行“一函两书”机制，以及关口前移、重心下沉等措施，有效预防劳动争议的发生，提高劳动关系的和谐度。这些创新做法不仅为本地劳动者和企业提供了有力保障，也为其他地区工会工作提供了可借鉴的经验。

一是构建多层次预防体系。通过整合人社局、司法局、法院、检察院等多方资源，建立信息沟通、联动调解、协作配合等机制，共同构建阶梯式、多层次的劳动争议多元化解工作体系，使得各方能够在事前预防中形成合力。

二是强化工会参与引导。充分发挥工会在协商调解中的参与和引导作用，事前介入协商调解，帮助职工和企业双方沟通协商，化解潜在的劳动争议，避免矛盾升级。推行“一函两书”机制，对企业可能存在的劳动争议隐患及时发出预警，有效预防劳动争议的发生。

三是注重法治宣传教育。通过加强法治宣传和劳动法律监督，着力推进“事后调解”向“事前防范”转变。通过普及劳动法律法规知识，增强法律意识，减少劳动争议。在工作中坚持关口前移、重心下沉，通过深入企业一线开展劳动法律监督，指导企业建立健全劳动规章制度，从源头上预防劳动领域风险。

### 案例31：十堰市总工会推动“工会+检察”保障职工权益

十堰市总工会建立健全“工会+检察”劳动者合法权益保障协作配合机制，突出关口前移，抓好风险防范，从事后维权向超前预警延伸、静态监督向动态监测提升、被动处理向主动排查转变，推动职工维权服务落实落地。

一是同步维权服务，聚焦信访维权难题。市检察院、市总工会通过互设职工维权窗口实现信访同步受理、信息共享、协同处置；通过个案办理，强化类案监督，以“我管”促“共管”，构建多元协同保护大格局。

二是同步法律监督，共筑职工合法权益堡垒。企业邀请工会参与合规评估，工会劳动法律监督委员会聘请检察官担任特邀监督员，综合运用公益诉讼、支持起诉、工会劳动法律监督“一函两书”等保障措施，形成劳动法律监督合力。

三是同步预警防范，助推服务落地见效。印发《关于建立“法院+检察+人社+司法+工会”劳动争议“一站式”联动协作机制的实施意见》，开辟维权绿色通道，推动劳动争议快调速裁，“一站式”化解劳动纠纷。广泛开展检察开放日、走进仲裁庭、送法进企、联合督查和职工心理咨询共建等活动，夯实依法维权工作基础。

十堰市总工会推行“工会+检察”协同机制以来，市、县两级共推互建项目10个，参与重点劳动争议调解20余件，开展联合普法检查5次，发布5份《工会劳动法律监督提示函》。

**创新亮点分析：主动作为，消除隐患**

十堰市总工会“工会+检察”劳动者合法权益保障协作配合机制运用了预先防范原理，在创新协作模式、实现资源高效整合、注重预警防范、消除潜在隐患等方面，展现了独特的创新性和实践价值。

一是机制创新，构建维权协作网络。该机制将工会与检察机关紧密联合，同时融入法院、人社、司法等多部门资源，构建起多维度、全方位的劳动者权益保护网络。“一站式”实现劳动争议的快速受理、调解、仲裁和诉讼等全流程服务，缩短了维权周期，降低了职工的维权成本。

二是预防为主，构建风险防控体系。通过发布《工会劳动法律监督提示函》等方式，对潜在的劳动法律风险进行提前预警、源头治理，体现了前瞻性和主动性；通过广泛开展普法教育和心理咨询等活动，提高了职工的法律意识，为构建和谐劳动关系奠定了坚实的基础。

三是法治保障，强化法律监督救济。工会劳动法律监督委员会与检察机关紧密合作，强化了劳动法律监督的力度和效果；通过聘请检察官担任特邀监督员、运用公益诉讼等手段，确保了劳动法律法规的严格执行和职工权益的有效保护；通过建立多元救济体系，如支持起诉、快调速裁等，提高了维权的成功率。

### 案例32：天津市北辰区总工会“一函两书”预防化解企业裁员劳动争议

天津市北辰区总工会以“一函两书”为抓手，将劳动纠纷化解在萌芽状态，得到了企业和职工的认可。

一是增强政治敏锐性，敏锐捕捉问题线索。北辰区总工会在接到某企业电话咨询职代会关于裁员议题的操作流程后，迅速启动排查处理机制，带领专业律师深入该企业，采取走访调研、谈心谈话等形式，了解企业经营状况和职工诉求。

二是强化监督工作专业性，依法依规分析研判。及时向企业发出《工会劳动法律监督提示函》，明确指出企业行为不符合《劳动合同法》中关于经济性裁员的规定，对可能存在的违法行为及相关工作流程进行说明，提醒企业贯彻落实劳动法律法规，预防和化解劳动纠纷风险。

三是发挥工会协调优势，有效化解风险隐患。在区总工会的协调督促下，企业将经济性裁员变更为协商性裁员。与职工沟通协商，告知企业的经营困境，争取职工的理解与体谅。针对每名职工的具体诉求，完善裁员补偿方案，详细计算补偿金额。在与职工协商一致的基础上，24 名员工同意离职，分别与企业签订《协商一致解除合同协议书》。在各级工会的努力下，本次裁员未出现劳动仲裁和信访情况，有效化解了职工队伍稳定风险隐患。

**创新亮点分析：敏锐性来自责任感，前瞻性源于事业心**

天津市北辰区总工会在劳动纠纷化解工作中展现了以下创新亮点：

一是问题识别的前瞻性。北辰区总工会能够从电话咨询中敏锐捕捉线索，及时启动预警机制，体现了高度的问题意识；适时向企业发出《工会劳动法律监督提示函》，明确指出潜在的法律风险和不符合规定的问题，体现了工会组织的责任心和使命感。

二是法律监督的专业性。发现问题线索后，通过提前介入、引入专业律师参与、加强合规指导等措施，确保企业行为符合法律法规，实现了源头治理，将纠纷化解在萌芽状态。

三是协商机制的有效性。通过协商将企业经济性裁员变更为协商性裁员，有助于增进劳资双方的理解和信任，减少冲突和纠纷。

## 第七节　反馈原理的衍生转化

反馈原理指将系统的输出结果反向输入系统，形成闭环控制，从而增强对系统行为的动态调控。其本质是通过实时监测技术过程中的伴随信息，如误差信号、性能参数等，优化系统决策与响应机制，进而提升整体效能。在技术创新中，该原理被广泛应用于问题优化与性能迭代：通过持续采集输出端的反馈信息，精准定位系统缺陷或低效环节，据此调整设计参数、改进工艺流程，最终实现产品性能与可靠性的双提升。

反馈原理强调信息在系统内外的流动和循环，这要求工会工作建立更加开放的沟通机制，听取职工会员的意见和建议，改进工作。在职代会民主管理工作中，通过引入反馈机制可以更有效地收集会员的意见和需求，做出正确的决策。在工会工作改革创新中，运用反馈原理，可以及时发现工作中存在的问题和不足，不断探索新的工作方法和服务模式。例如，设立职工会员意见箱，利用“职工之家”APP、微信工作群等数字化平台定期组织满意度调查等，并根据调查结果对工作进行优化和调整。

### 案例33：台州市椒江区总工会打造“职工哨”创新劳动法律监督新模式

为加强劳动法律监督，维护职工队伍稳定，台州市椒江区总工会创新推出“职工哨”劳动法律监督新模式，密切关注区内职工队伍情况，在防范风险、化解矛盾、维护职工合法权益等方面发挥了重要作用。

一是通过全域靶向布点、打造示范典型、延伸新业态领域，进行全覆盖布局，科学化打造“职工哨”矩阵。二是通过深化“普法服务”、定制“个性服务”、做优劳动者“公益服务”，进行全链条创新，多元化开展“职工哨”服务。三是通过打好工资协商“组合拳”、依法维权“基础拳”、心理健康“创新拳”，进行全方位拓展，精准化放大“职工哨”作用。

椒江区总工会依托“职工哨”前沿阵地，着力解决职工急难愁盼问题，努力增强职工的获得感、幸福感、归属感。全区 124 个“职工哨”站点共接待咨询 137 批次、涉及职工 1356 人，处理劳资纠纷 56 起，协调劳动纠纷法律援助 76 起。

**创新亮点分析：哨位上反馈，改进中创新**

台州市椒江区总工会推出的“职工哨”既是“哨位”也是“哨声”。这种劳动法律监督新模式运用了 TRIZ 的反馈原理，通过引入和强化反馈机制、优化反馈处理流程以及利用反馈结果进行持续改进，实现了对职工队伍情况的实时监测，有效解决了职工急难愁盼问题，增强了职工的获得感、幸福感、归属感。

一是引入和强化反馈机制，全覆盖布局，科学化打造“职工哨”矩阵。通过科学规划，确保每个区域都有“职工哨”监督哨点，相当于在系统中引入了广泛的反馈收集点，能够及时捕捉和反映职工的需求和问题；通过树立典型和示范站点，提升“职工哨”的知名度和影响力，形成良性反馈循环，提升整体工作水平。

二是优化反馈处理流程，全链条多元化开展“职工哨”服务。职工既是“吹哨人”又是宣传者，通过普法宣传教育，提高职工的法律意识，加强职工的维权能力，更好地利用“职工哨”进行反馈和维权，这相当于从输入端增强了反馈系统，提高了反馈的质量和有效性。根据职工的不同需求和特点，提供个性化的服务方案，精准满足职工的需求，提高了反馈处理的针对性和满意度。

三是运用反馈结果进行持续改进和创新，全方位放大“职工哨”作用。通过工资协商等机制，直接回应职工最关心的经济利益问题，为“职工哨”提供具体的反馈成果；通过“职工哨”收集到的反馈意见，及时发现和解决维权工作中的问题和不足，为“职工哨”增添了新的服务内容，提高了工会维权服务的总体水平。

## 案例34：苏州市总工会开展“百日万名青年职工大访谈”

2024年5月，苏州市总工会启动“百日万名青年职工大访谈”，倾听青年职工心声、回应青年职工期待。

一是高标谋划，上下联动全域推进。专题研究《关于组织开展百日万名青年职工大访谈工作的实施方案》，针对不同调研重点人群，编制通用版和新就业形态劳动者专用版《访谈问卷》《访谈提纲》，开展符合群体特点的访谈。市、县两级工会干部赴35个基层点访谈287人。

二是立体统筹，有效扩大访谈覆盖范围。各镇级工会、部分大型企业、集宿区、职工服务阵地专门设置160个访谈点，为职工访谈提供便利。在“苏州工会”微信公众号开设专栏、“苏工惠”App开通留言板以及12351工会服务职工热线，方便职工多渠道反馈意见建议。线下访谈职工1210人，微信公众号和小程序收到反馈20203份。

三是协同发力，及时回应职工需求。将访谈嵌入日常工作，通过“一对一”形式开展，做好工会工作“访谈+”。针对青年职工交友问题，以“相悦会”为核心，打造“1+10+N”青年职工交友品牌矩阵，拓宽职工交友渠道；针对暑期双职工孩子托管难题，专题调研需求，优化托管班设置；针对职工权益维护，向职工赠送普法小课堂系列漫画，解答女职工、外卖小哥等群体权益保障问题；结合第23个全国“安全生产月”和苏州市安全生产“六化”工作，向职工发放安全生产倡议书，增强职工安全意识。

**创新亮点分析：“焦点访谈”反馈职工诉求焦点**

苏州市总工会的“百日万名青年职工大访谈”活动通过建立即时反馈机制、精准定位与差异化反馈、反馈与行动紧密结合、持续迭代与优化等方式，打造职工版“焦点访谈”，及时有效反映职工的焦点诉求，提高工会服务的质量和效率，增强职工的获得感和幸福感。

一是建立即时反馈机制。通过线上线下多种渠道收集青年职工的反馈，确保信息的即时性和广泛性。这种机制使青年职工的声音能够迅速被听到，形成有效的闭环反馈系统，增强了青年职工的参与感和归属感，为后续的决策和服务提供有力支持。

二是精准定位与差异化反馈。针对不同调研人群编制通用版和新就业形态劳动者专用版《访谈问卷》和《访谈提纲》。这种差异化设计和精准定位，使工会能够更准确地捕捉到不同职工群体的特定需求和问题，从而提供更具针对性的服务和解决方案。

三是反馈与行动紧密结合。活动不仅收集反馈，还将反馈转化为实际行动。例如，针对青年职工交友问题、暑期双职工家庭孩子托管难题以及职工权益维护等问题，工会都及时采取了相应的措施进行回应。这种反馈与行动的紧密结合体现了工会的高效执行力。

## 第八节　反向作用原理的创新启示

反向作用原理鼓励人们从问题的反面进行思考，通过反转常规操作或思维方式寻求创新解决方案。反向作用原理强调通过转变物体的运动状态、位置关系或操作方式等，打破传统的思维模式，从而发现新的解决方法和途径。反向作用原理为我们提供了一种创新思维方式，使我们能够突破传统思维的局限，开辟全新的创新路径。

在工会工作领域，反向作用原理鼓励工会工作者打破常规思维，从问题的反面或对立面寻找解决方案。工会干部可以创新服务模式，与职工进行“反向沟通”，对职工进行“反向服务”。例如，在传统工作方式中，组建工会的步骤一般是单位提交建会报告，上级工会批准后履行民主程序。在实践中运用反向作用原理，可以“反其道而行”，将建会工作送上门去；工会“信访接待日”一般是坐等职工上门，根据反向作用原理，工会干部可以把“接待日”转化为“上门日”。

### 案例 35：金塔县总工会“上门建会”

金塔县总工会深入企业一线，“移动办公”“上门建会”，做好送政策、送指导、送服务等靠前服务，激发企业建会热情，实现从“要我建会”到“我要建会”的转变。截至 2024 年底，共上门服务企业 70 余次，新建会企业 12 家，新增会员 485 人。

一是送政策上门，传递惠企“好声音”。联合多部门组成宣讲小分队，以工业集中区为重点，精准对接企业需求，详细解读入会十大好处及经费减免、就业创业、帮扶救助、技能培训等惠企政策，确保政策红利直达企业心坎。

二是送指导上门，增强入会“内驱力”。转变工作作风，变“坐等上门”为“主动登门”，变“先建后规范”为“边建边规范”，因企制宜，量身定制建会方案，成立工作专班，专人跟进，提供“店小二”“保姆式”服务，确保建会规范顺畅。编制《基层工会主席工作手册》，确保工作质量。

三是送服务上门，当好贴心“娘家人”。立足新就业形态劳动者实际需求，坚持“先服务后入会，先吸引再覆盖”的方式，开展理论宣讲、政策咨询、业务介绍、夏送清凉、健康体检、赠送互助保障等活动，以优质服务温暖人心，增强新就业形态劳动者的幸福感、归属感。

**创新亮点分析：“反向作为”的正向反馈**

金塔县总工会的创新亮点在于对反向作用原理的精准运用，即打破传统单向服务模式，主动对接职工需求，将服务触角延伸至基层一线。该模式通过需求反向驱动服务优化，显著提升了工会工作的响应速度与覆盖效能，为其他地区提供了“以职工为中心”的服务转型实践样板。

一是反向操作，打破常规。通常情况下，工会很多时候是在固定场所设立服务机构，等待职工上门咨询或寻求帮助。在这个过程中，各地的工会驿站、职工服务中心均发挥了重要作用。但是，服务方式还能不能更进一步呢？金塔县总工会主动走出办公室，深入企业一线，将服务送到企业和职工身边。这种反向操作打破了常规的服务模式，更直接、更准确地了解企业和职工的需求，提供更有针对性的服务，体现了工会工作的创新性和主动性。

二是反向服务，提升效能。金塔县总工会主动上门服务，不仅解决了企业和职工的实际困难，还极大地增强了企业和职工建会、入会的动力和热情，从“要我建会”转变为“我要建会”，实现了从被动到主动的转变。

金塔县总工会主动上门服务，通过主动作为与需求精准对接，既直接推动企业建会进程，又倒逼工会提升服务效能，形成“服务优化—效能提升—关系和谐”的良性循环，为构建和谐劳动关系注入实践动力。

### 案例36：浙江省担保集团“工会主席上门日”有效沟通服务职工

浙江省担保集团自2020年创设“工会主席上门日”以来，员工满意度从90%跃升至99%。

一是转变沟通模式，主动下沉基层。打破传统模式，变被动为主动，将每季度首月15日固定为“工会主席上门日”，集团工会主席走出办公室，深入基层一线，全方位、多渠道倾听职工心声、听取意见建议。

二是分层分类沟通，精准把握需求。实施分层分类沟通策略，开展新进职工聊职业规划、入企三年以上职工谈企业发展、资深职工谈薪资调整等专场10余场，精准把握不同职工的实际需求。

截至 2024 年底，共收集意见建议 100 余条，办理率达 100%。

三是全方位收集意见，链式闭环落实。同步构建常态化意见征集与反馈机制，开展线上问卷、开设邮箱、召开工会委员季度会议等，确保职工声音在任何时候都能被听见、被重视。对于职工提出的意见建议，实行“集团工会专人整理，党委行政不定期研究，集团领导领衔办理”机制。截至 2024 年底，已实施提高差旅费标准、智慧一卡通等办实事项目 20 余项。

**创新亮点分析：工会上门，服务到家**

浙江省担保集团工会运用反向作用原理，设置“工会主席上门日”，形成主动作为的工作模式，为新时代工会工作提供了新思路和新范例。

一是主动沟通，持续沟通。将每季度首月 15 日固定为“工会主席上门日”，这一主动服务行为成为常态化、制度化安排，确保了工会与职工之间的持续沟通。工会主席走访基层，多种渠道倾听职工心声，确保职工的声音能够被及时听见和重视。

二是分类交流，精准沟通。根据职工的不同特点和需求，实施分层分类策略，如新进职工聊职业规划、资深职工谈薪资调整等。这种针对性、个性化的沟通方式能够更精准地把握职工的实际需求，通过专场活动收集意见建议，提升了工会工作的精准度。

三是全面沟通，全程服务。除工会主席上门日，浙江省担保集团工会还通过线上问卷、开设邮箱、召开工会委员季度会议等多种方式收集职工意见，构建了全方位的意见征集网络。沟通是为了更好地服务，工会对收集到的意见建议实行闭环管理，确保每一条建议都能得到有效的处理和回应，让职工真正感受到“说了有人听”。

这种“送上门”的服务模式，展现了工会工作的精准性，推动了企业的持续发展，提高了职工的满意度。

# 第五章

# 矛盾矩阵表与工会工作

TRIZ 认为，任何系统都是通过克服不断产生的矛盾发展的，分析和解决这些矛盾需要发挥创造性和想象力。消费者与技术之间存在着八种矛盾关系：有序与混乱、同化和异化、明智与愚蠢、自由与奴役、从事与放弃、高效与低效、满足需求与创造需求、时髦与过时。

系统内部相互作用既催生有用功能，也不可避免地产生有害功能，二者构成矛盾统一体。发明创造的本质在于精准化解这一矛盾，其核心原则在于：当优化系统中某一组件的性能时，需确保该改进不对其他组件的正常运行产生负面干扰，从而维持系统整体效能的平衡与提升。

阿奇舒勒将矛盾划分为管理矛盾、技术矛盾和物理矛盾，三者之间存在递进转化关系。管理矛盾作为宏观层面的问题，往往包含多个技术矛盾与物理矛盾；通过深入分析，管理矛盾可以拆解为具体的技术矛盾，而技术矛盾进一步细化后，其核心往往归结为物理矛盾。这一“管理—技术—物理”的转化路径，体现了矛盾解决的深化过程。一般来说，物理矛盾直接关联系统本质属性，故其解决方案更具根本性，因此由“物理”到“管理”的反向转化极少发生。

TRIZ 提供的工具虽然不能直接求解管理矛盾，但提供了多种有效分析问题的方法与思路，进而有效地解决矛盾。工会工作也可以运用其原理解决矛盾。

找出问题产生的根本原因是解决问题的基础。解决问题有三种策略：事先解决、事中解决和事后解决。事先解决问题是预判和消除问题产生的根源，让问题不会发生，此为最优解；事中解决问题是在问题形成初期，立即设法将其消灭或去除；事后解决问题是一种“亡羊补牢”的方式，一个技术系统发生了问题，经过分析，针对问题的表象进行治理。然而，在实际应用中，事后解决问题最为常见。

要解决问题，首先要对问题产生的根源进行分析。分析问题的手段有：因果分析，即消除产生问题的根本原因；功能分析，即找到并消除系统中存在的有害功能；流动分析，即找到并消除系统中的有害流。

## 第一节　矛盾矩阵表——工会创新的参照系

矛盾矩阵表作为TRIZ解决技术矛盾的核心工具，其构建基于阿奇舒勒对海量专利的深入研究。阿奇舒勒归纳了39个关键工程参数，当任意两个参数在实际系统中发生冲突时，即构成待解决的发明问题。针对此类矛盾，TRIZ体系提供了40条发明原理作为解决路径。为进一步系统化应用，阿奇舒勒将参数矛盾与发明原理建立映射关系，形成39×39的矛盾矩阵表。使用者通过精准识别系统中冲突的两个工程参数，可以在矩阵中定位对应的发明原理集合，这些原理为矛盾化解提供多向度解决方案，从而实现技术创新的系统化破局。

矛盾矩阵表应用的一般步骤可以概括如下（图 5-1）：

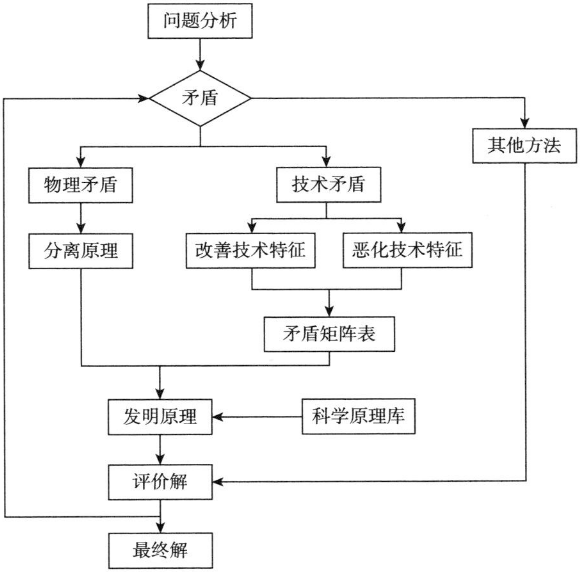


**图 5-1　矛盾矩阵表应用步骤流程图**

工会工作中现存的不足之处，就是工会工作创新的空间，就是加强工会工作的依据所在。工会干部可以根据这一基本矛盾列出矩阵，以职工需求项目为横坐标，以工会工作手段为纵坐标，横纵坐标的交叉点就是工会工作需要创新的内容。根据创新需求，分析创新案例，可以总结出类似的"标准解"或"创新原理"，普适性地指导不同地区、不同领域的工作创新。

仿照 TRIZ，根据"需求 + 手段"的方式，结合工会工作的具体领域，可以初步得到一个 29 × 22 的矩阵表（表 5-1）。这一矩阵表仍在不断完善之中，还将增加许多新的内容。也就是说，工会工作创新永无止境。

矛盾矩阵表可以看作“需求”与“手段”的碰撞。当职工的强烈需求遇上工会的有效手段时，就可以“碰撞”出创新的火花。例如，新就业形态劳动者具有长年在户外工作、工作时间长、劳动强度大、上下班时间不固定、就餐时间不固定等特性。结合工会工作矛盾矩阵表进行创新思路分析，工会干部可以利用户外劳动者站点服务新就业形态劳动者。近年来，各地工会大量建设户外劳动者站点、工会驿站等，为部分劳动者提供了便利。如温州市总工会推出“爱新餐”，株洲市荷塘区总工会打造“骑手食堂”等，都收到了良好的效果。

### 案例 37：株洲市荷塘区总工会打造“骑手食堂” 暖“新”开启“幸福食光”

株洲市荷塘区总工会通过“工会＋社区”共建模式，打造“骑手食堂”，为新就业形态劳动者提供健康美味“惠民餐”，解决了他们“用餐难、用餐贵、用餐晚”问题。

一是以工会驿站为依托，打造爱“新”食堂。在茨菇塘、金山、宋家桥等热门商圈或人流密集区，整合现有工会驿站阵地资源，与社区合作共建“骑手食堂”，为外卖配送员、快递小哥、网约车司机、货车司机等新就业形态劳动者提供早、中、晚优惠餐饮服务，同步配套饮水、健身、阅读、电视、充电台等功能区域。

二是以实名制数据为支撑，实行“刷脸”就餐。全面摸清辖

# 表 5-1 工会工作矛盾矩阵表

| 职工需求 / 工会工作 | | 职业发展 | | | | 职工权益保障 | | | | | | | 工作环境与生活保障 | | | 就业帮扶与支持 | | | 特定群体 | | |
|---|---|---|---|---|---|---|---|---|---|---|---|---|---|---|---|---|---|---|---|---|---|
| | | 思想素质提升 | 业务能力精进 | 工作创造成就 | 职业发展规划 | 知情、表达、监督权 | 协商议事权利 | 劳动报酬 | 社会保险 | 劳动时间与强度 | 劳动安全与健康 | 休息休假制度 | 人文关怀与人际关系 | 职工生活设施 | 心理健康 | 就业、创业帮扶 | 困难救助 | 矛盾化解 | 农民工 | 青年职工 | 新就业形态劳动者 |
| 思想引领 | 党建引领 | | | | | | | | | | | | | | | | | | | | |
| | 文化建设与阵地打造 | | | | | | | | | | | | | | | | | | | | |
| 建功立业 | 劳动技能竞赛 | | | | | | | | | | | | | | | | | | | | |
| | 工匠学院 | | | | | | | | | | | | | | | | | | | | |
| | 创新工作室 | | | | | | | | | | | | | | | | | | | | |
| 权益维护 | 民主管理 | | | | | | | | | | | | | | | | | | | | |
| | 工资与薪酬体系建设 | | | | | | | | | | | | | | | | | | | | |
| | 劳动标准与保障 | | | | | | | | | | | | | | | | | | | | |
| | 劳动安全与健康 | | | | | | | | | | | | | | | | | | | | |
| 服务阵地 | 职工文化与服务设施 | | | | | | | | | | | | | | | | | | | | |
| | 户外站点 | | | | | | | | | | | | | | | | | | | | |
| 送温暖 | 送温暖、送清凉 | | | | | | | | | | | | | | | | | | | | |
| | 金秋助学 | | | | | | | | | | | | | | | | | | | | |
| | 职工互助 | | | | | | | | | | | | | | | | | | | | |
| | 公益基金 | | | | | | | | | | | | | | | | | | | | |
| 政治安全 | 12351 | | | | | | | | | | | | | | | | | | | | |
| | 枫桥经验 | | | | | | | | | | | | | | | | | | | | |
| | 社会组织引领 | | | | | | | | | | | | | | | | | | | | |
| 基层建设 | 建会入会工作 | | | | | | | | | | | | | | | | | | | | |
| | 产业园区与行业工会 | | | | | | | | | | | | | | | | | | | | |
| 服务基层 | 基层蹲点 | | | | | | | | | | | | | | | | | | | | |
| | 基层调研 | | | | | | | | | | | | | | | | | | | | |
| 工作法治化 | 推动立法 | | | | | | | | | | | | | | | | | | | | |
| | 加强执法监督 | | | | | | | | | | | | | | | | | | | | |
| | 法律宣传服务 | | | | | | | | | | | | | | | | | | | | |
| 深化产改 | 职业发展与培训 | | | | | | | | | | | | | | | | | | | | |
| | 队伍保障与工匠培育 | | | | | | | | | | | | | | | | | | | | |

区新就业形态劳动者底数，将相关信息纳入工会会员实名制数据库，并同步导入“骑手食堂”管理系统，让新就业形态劳动者通过“刷脸”认证，即可享受“骑手食堂”提供的优惠餐饮服务。

**创新亮点分析：功能集成的优势**

株洲市荷塘区总工会通过“工会 + 社区”共建模式打造“骑手食堂”的举措，具有以下亮点：

一是服务资源的整合。通过“工会 + 社区”的共建模式，将工会的服务与社区的资源进行有效整合，形成新的服务模式。这种跨界合作扩大了服务范围，提高了服务效率，使得新就业形态劳动者能够更便捷地享受到暖“新”服务。

二是多项功能的集成。“骑手食堂”不仅提供餐饮服务，还同步配套了饮水、健身、阅读、电视、充电台等多功能区域。这种“一站式”的服务模式，不仅解决了劳动者的用餐问题，还为他们提供了休息、娱乐和学习的空间，使食堂同时具备书屋、健身房的功能，极大提升了服务质量。

三是技术应用的创新。通过实名制数据库和“刷脸”就餐系统，实现了服务的智能化。新就业形态劳动者只需通过“刷脸”认证即可享受优惠餐饮服务，不仅提高了服务的便捷性，还增强了服务的科技感和现代感。

### 案例 38：太原市迎泽区建设无人值守工会驿站

太原市迎泽区总工会将 40 个弃用的核酸采样亭改建为 20 组“双仓式”24 小时智能化工会驿站，每站日均服务超 35 人次，受到社会各界广泛关注和好评。

迎泽区总工会充分考虑环卫工人、外卖快递人员、网约车司机等户外劳动者工作的特殊性。以环卫工人为例，他们在凌晨两三点开始工作，清晨六点左右完成第一轮清扫，在又冷又饿的时候，最需要的是就近的歇脚点和热饭点。为此，迎泽区总工会本着“投入少、好管理、易复制、可持续”的建站理念，利用核酸采样亭占地小、便于移动的特点，以步行 15 分钟到达且辐射范围不重叠为原则，画圈选址，组织工作专班，建好一处，试运行一处。这种 24 小时无人值守驿站，每组两个小亭，一个小亭侧重休息功能，另一个小亭侧重生活功能。两个小亭均提供热水、充电、空调等便捷服务，可同时容纳 6 个人。无人值守驿站微信“即扫即开”，户外劳动者进出自由。为加强安全管理，驿站专门安装用电保护装置，确保超功率自动断电；设置喊话系统，温馨提醒进站人员关灯关空调。

**创新亮点分析：让错置的资源发挥新的作用**

各地工会在服务新就业形态群体时，积极探索创新服务模式，通过建设多功能服务站提供精准服务。这些服务站点类型多样、特色鲜明，建设方式灵活多元。既有工会独立规划建设的专属空间，也有联合多部门共建的共享平台，更不乏对既有资源的创新利用。太原市迎泽区总工会将闲置的核酸采样亭改造为户外劳动者服务站，通过功能升级实现“变废为宝”，不仅满足了户外劳动者的需求，还展现了资源循环利用与精准服务供给的创新融合以及工会工作高度的创新能力。

一是实现了资源再利用。将闲置的核酸采样亭转化为工会驿站，不仅避免了资源浪费，还赋予了这些设施新的生命和用途，体现了环保和可持续发展的理念。

二是精准定位与匹配需求。驿站充分考虑了环卫工人、外卖快递人员、网约车司机等户外劳动者的特殊工作需求，通过提供热水、充电、空调等便捷服务，以及休息和生活功能的分离设计（这一理念也体现了TRIZ分离原理），精准满足了户外劳动者的迫切需求，体现了服务的人性化和精细化。

三是智能化与科学布局。驿站采用24小时无人值守模式，通过微信"即扫即开"的方式，实现了户外劳动者的自由进出，降低了管理成本。以步行15分钟到达且辐射范围不重叠为原则进行选址，确保了驿站的广泛覆盖和便捷可达。

此外，驿站建设在提升城市形象与软实力、促进经济发展和社会和谐方面都具有积极意义，为城市治理和社会创新提供了宝贵的经验和启示。

## 案例39：中国航发南方工业有限公司工会开展劳模创新工作室竞赛

中国航发南方工业有限公司工会充分发挥劳模示范引领作用，组织21个劳模创新工作室的600余名成员，围绕"规范管理、创新攻关、人才培育"开展竞赛。通过引入"揭榜挂帅"参与课题攻关机制，组织跨工作室技术协作、联合攻关，参与精益改善、成本工程、"金点子"等活动，助力研制提质增效。开通工作室领衔人技术课题申报专属通道，推动成果快速转化；组织结对共建、经验交流、成果分享活动，厚植创新土壤。开展劳模工匠“名师带高徒”活动，加速高技能人才成长；注重把团队骨干培养成劳模、工匠，形成“金字塔”式后备人才库，扩大群体示范作用。

**创新亮点分析：竞赛与创新的“化合反应”**

劳动技能竞赛和职工创新工作室是工会工作的两大抓手。劳动竞赛通常注重目标的快速实现，而创新工作室则更侧重长期的技术研发和人才培养。中国航发南方工业有限公司工会通过将两者结合，深度整合了劳动竞赛的激励机制和创新工作室的技术、人才资源，实现了短期与长期目标的有机结合，收到了“化合反应”的效果。

一是竞赛与创新的双向驱动。劳动竞赛为创新工作室提供了明确的目标导向和实战平台。在竞赛的推动下，创新工作室的成员能够更加聚焦地针对实际问题进行攻关，提高创新的针对性和实效性。同时，创新工作室的技术积累和创新能力也为劳动竞赛提供了强大的技术支持，使竞赛活动能够不断推陈出新，保持活力和吸引力。

二是知识与技能的跨界融合。通过组织跨工作室的技术协作和联合攻关，打破了部门之间的壁垒，促进了不同专业领域知识和技能的跨界融合。在劳动竞赛的框架下，各创新工作室不仅是竞赛对手，还是合作伙伴，不同工作室的成员围绕共同的目标进行深入交流与合作，实现知识的共享和技能的互补，从而催生出更多具有创新性和实用性的成果。

三是创新生态的持续构建。通过开辟技术课题申报专属通道、组织结对共建、经验交流等活动，构建了一个持续创新的生态系统。在这个系统中，竞赛不仅是超越别人，还是超越自我。劳模和工匠作为引领者，通过“名师带高徒”等方式不断培养和激励新人，有助于厚植创新土壤，营造更加浓厚的创新氛围。同时，各种创新活动和成果分享也为系统注入了源源不断的活力。

## 第二节　物理矛盾与分离原理——工会工作新思维

物理矛盾是技术系统中同一参数对立的物理状态，体现了唯物辩证法的对立统一规律。一方面，矛盾双方呈现相互排斥的冲突属性；另一方面，这种对立又统一于同一客体中。解决物理矛盾的关键在于对矛盾参数，如空间、时间、形式等的多维度分析，通过参数调整或情境重构，使对立需求在特定条件下达成动态平衡，实现矛盾双方的辩证统一。

物理矛盾与技术矛盾的区别在于，技术矛盾是技术系统两个参数之间的相互制约，物理矛盾是技术系统中一个参数在系统内具有相反的需求。技术矛盾是整个技术系统中两个参数（特性和功能）之间的矛盾，物理矛盾是技术系统中某一个元件的一个参数（特性或功能）相对立的两个状态。在很多时候，技术矛盾是更显而易见的矛盾，而物理矛盾是隐藏得更深、更尖锐的矛盾。同时，它们之间又是相互联系的。对于同一个技术问题来说，技术矛盾和物理矛盾是从不同的角度、在不同深度上对同一个问题的不同表述。

为了解决物理矛盾，TRIZ 提出了分离原理。分离原理的核心是将针对同一对象的相互矛盾的需求分离开来，从而使矛盾双方都得到满足。TRIZ 将分离原理总结为四种基本类型：空间分离原理、时间分离原理、条件分离原理、整体与部分分离原理。解决物理矛盾的过程可以分为以下四步：首先，将要研究的问题抽象成物理矛盾的形式，并确定两个相反的特性；其次，确定解决物理矛盾的分离原理；再次，根据分离原理选择相应的发明原理，得到解决物理矛盾的一般解；最后，根据实际情况，得出解决特定问题的特殊解。

在 TRIZ 提出的四类分离原理中，工会工作较为常用的是空间分离原理、时间分离原理和条件分离原理。下面结合案例具体说明。

## 一、空间分离原理

空间分离原理旨在通过物理空间的分隔来解决矛盾，是将矛盾双方在不同的空间上分离开来，消除它们之间的冲突，使得各个部分能够发挥最大效用。利用空间分离原理解决物理矛盾的步骤如下：第一步，定义物理矛盾，找到存在矛盾的参数，以及对该参数的要求。第二步，定义空间，确定上述参数的不同要求应该在什么空间得以实现。第三步，判断第二步中寻找到的两个空间是否存在交叉，如果不存在交叉，可以使用空间分离原理；如果存在交叉，需要尝试其他方法。

空间分离原理在工会工作中具有深刻的启示和广泛的应用。

例如，工会工作涉及职工活动的组织与管理，这些活动可能在空间上产生冲突，需要通过空间分离将不同类型的活动在空间上进行分隔，进而更合理地分配和利用资源。在工会工作中运用空间分离原理，主要是要识别和解决空间上的矛盾，通过合理的空间规划和布局，满足职工群众的不同需求。具体的步骤和方法是：第一步，识别空间需求与矛盾；第二步，分析空间资源；第三步，制定空间规划方案；第四步，实施空间分离；第五步，优化空间利用。

### 案例 40：深圳市福田区总工会“福工学堂”促职工素质提升

深圳市福田区总工会为提升职工素质，推出“福工学堂”教育平台。该平台整合了丰富的教育资源，包括劳模工匠讲师团、职业学校、五老讲师团等，形成了六大课程分类，内容涵盖理想信念、职业技能、综合素养、身心健康、安全教育和通识教育等。

“福工学堂”的服务模式灵活多样，包括线上课堂、线下课堂和定制课堂，以满足不同职工的学习需求。线上课堂通过“福田工会”公众号和“福i工”小程序进行，方便职工随时学习；线下课堂则在实体学堂中进行，提供面对面的教学和交流；定制课堂根据企业和职工的特定需求，提供个性化培训。在管理上，实行区级、街道级和社区级三级管理模式，确保培训的组织和实施得到有效监督和支持。

福田区总工会通过这一平台，已经发布了首批186门课程，并为13个学堂授牌，这些学堂成为职工培训的重要基地，为打造一支具有坚定理想信念、高超职业技能和全面素质的职工队伍，为福田区乃至深圳市的高质量发展贡献力量。

**创新亮点分析：线上线下的分离与结合**

深圳市福田区总工会推出的“福工学堂”教育平台运用了空间分离原理，在线上线下空间分离的同时，又实现了有机结合。

线上线下的空间分离，提升了学习的灵活性与效率。根据TRIZ的空间分离原理，“福工学堂”通过将学习内容转移到线上平台，实现了职工学习时间与地点的灵活选择。线上课堂打破了时间和空间的限制，整合了工会教育资源，为职工提供了更加便捷的学习方式。线下课堂为学生提供个性化的学习路径和解决方案，这种定制化的服务不仅提高了学习的针对性，也增强了职工的学习满意度。这种分离提高了教学资源的利用效率。

线上线下的有机结合，增强了学习实效性。线上平台提供了便捷的学习入口和丰富的学习资源，线下课堂通过面对面的教学和交流，增强了学习的互动性。这种结合既发挥了线上学习的灵活便捷，又保留了线下学习的深度互动。通过定制课堂服务，“福工学堂”能够根据企业和职工的特定需求，提供个性化的培训内容和方式。这种分离与结合，共同构成了完整的学习生态系统。

### 案例41：绵阳市总工会打造“零工驿站”

绵阳市总工会为解决零散务工人员街边求职相互争抢、危险无序等问题，联合相关部门探索打造“零工驿站”，由“路边蹲活”变为“掌上找活”“工会送活”。全市共建成零工市场10家，覆盖全部县（市、区），实现灵活就业12.8万余人次。

一是找准“着力点”，为零工找“职业归属”。精准摸排零工就业需求，及时收集用工单位岗位信息，建立零散务工人员信息库，为务工人员提供精准用工信息匹配，打通就业信息交互壁垒。截至2024年底，共有1858家用工单位登记招工，发布招聘信息6700余条，6000余人找到了称心如意的工作。

二是抓住“关键点”，为零工设“职场新家”。“零工驿站”集招工、用工以及候工为一体，内设招聘服务就业超市、维权服务等功能区，饮水机、充电设备等设施俱全，日均服务200余人次。绵阳市总工会还以促进就业为导向，持续完善培训体系建设，结合需求制定技能培训计划，全面提升零工的整体素质和技能水平。

三是解决“痛难点”，为零工送“职业宝典”。聚焦务工人员急难愁盼，发放宣传资料1500余份，在驿站电视上播放法律宣传片，联合法院、司法及劳动监察部门，在驿站内设立法律援助及劳动维权功能区，解决各类纠纷34起。

**创新亮点分析：为零工提供“零距离”服务**

绵阳市总工会打造“零工驿站”的亮点主要体现在以下几个方面：

一是精准。传统零散务工模式往往存在信息不对称、人员无序竞争的问题。而“零工驿站”通过精准摸排零工就职需求和收集用工岗位信息，能够更集中、更高效地管理，同时通过精准匹配，将合适的人员与岗位重新组合。

二是全面。零工驿站不仅提供线下实体服务，还通过微信群、小程序等线上平台实时发布招聘信息，使零散务工人员的就业模式由“路边蹲活”变为“掌上找活”“工会送活”，零工市场覆盖全部县（市、区），集招工、用工、候工、政策咨询、劳务洽谈、维权调解等多功能于一体，构建了有广度、深度、温度的新型零工服务模式。

三是模块化。“零工驿站”集候工、招聘服务就业超市、维权服务等多功能于一体。这种模块化服务设计，正是“分离原理”的灵活运用，每个功能模块都能独立运作，同时又能相互协同，满足了零散务工人员多样化的需求。

### 案例 42：青岛市工人文化宫“点线面”多维发力，赋能职工成长

青岛市工人文化宫创设“周末赋能，工会有约”工作品牌，通过提供错时延时服务，破解职工学习与家庭陪伴之间的矛盾，实现“全方位赋能”，打通职工赋能“最后一公里”。截至 2024 年底，已惠及职工 10 万余人次。

一是精准把握赋能需求，找准服务职工“切入点”。设计“劳动铸魂”“匠心匠造”等 8 个主题活动，建立涵盖十大门类、100 余人的专家讲师队伍，将“职工所愿”与“工会所能”相结合，相继开展职工联谊、AI 人工智能走进职工生活等特色活动，满足不同职工和家庭需求，增强职工的幸福感、获得感。

二是完善阵地体系建设，强化协同联动“连接线”。常态化开展周末赋能活动 20 余场，打造职工职业发展和家庭建设全周期赋能新阵地。利用企业车间、街道社区、研学基地等打造 10 余个

“职工身边的赋能加油站”，提供婚恋交友、技能提升等 20 余项服务，做到“职工在哪里，赋能活动就延伸到哪里”。

三是拓展活动主题形式，扩大职工参与“覆盖面”。通过互动交流、案例启发和现场观摩等方式，开展劳模工匠事迹讲述、职工子女职业研学和劳动体验等活动近 10 场次，实现职工由“被动组织”到“主动预约”，从“室内教学”到“室外实践”的转变，提升了活动互动性和职工参与度。

**创新亮点分析：分离显特色，协同促创新**

青岛市工人文化宫“周末赋能，工会有约”工作品牌在创新实践中充分运用了 TRIZ 的空间与时间分离原理。通过物理空间的分隔、虚拟空间的拓展、功能区域的划分以及时间与空间的结合等方式，为职工提供了更加便捷、高效、个性化的服务，实现对职工的全方位赋能。

青岛市工人文化宫通过线上线下的融合服务，为职工提供了一个虚拟与现实相结合的学习空间。这种空间上的拓展，也可以视为一种广义上的空间分离原理的应用，即在不同的空间（线上与线下）为职工提供学习充电的机会。

青岛市工人文化宫通过调研，准确把握职工在学习充电与家庭陪伴之间的矛盾，找到了服务职工的“切入点”。这种精准定位，使得赋能活动更加贴近职工的实际需求，提高了服务的针对性。活动设计了“劳动铸魂”“匠心匠造”等八个主题活动，涵盖了职工职业发展和家庭建设的多个方面。这种多元化的活动设计，满足了不同职工和家庭的多样化需求。利用企业车间、街道社区、研学基地等多方资源，打造“职工身边的赋能加油站”。这种协同联动的机制实现了资源的共享和优化配置，提高了赋能活动的覆盖面。该工作品牌不仅关注职工的职业发展，还注重家庭建设、子女教育等多个方面，实现了对职工的全方位赋能，有助于提升职工的生活品质，也为工会工作的创新发展提供了有益的借鉴和参考。

## 二、时间分离原理

时间分离原理是解决物理矛盾的重要工具，为解决复杂问题提供了有效思路与方法。其基本思想是将冲突双方在不同时间段分开以降低问题难度，具体做法是针对产品不同使用阶段的性能矛盾，让产品在不同时间段分别呈现不同特性，实现特性相反需求的分离。

利用时间分离原理解决物理矛盾的步骤如下：第一步，定义物理矛盾。找到存在矛盾的参数，以及对该参数的要求。第二步，定义时间。确定上述参数的不同要求应该在什么时间得以实现。第三步，判断第二步中寻找到的两个时间是否存在交叉，如果不存在交叉，则可以使用时间分离原理；如果存在交叉，则需要尝试其他方法。

工会工作中，工会干部可以利用时间分离原理，灵活安排工会活动，更好地满足职工的需求。例如，在非工作时间举办各类活动，如周末举办亲子活动、工作日晚间举办技能培训等。也可以利用时间分离原理，分阶段推进工会工作，在每个阶段设定明确的目标和任务，逐步解决工作中的问题和矛盾。还可以利用时间分离原理，探索新的工作模式和服务方式，如远程办公、弹性工作制等，对服务职工流程进行优化，提高服务效率和质量。

在实践中，一些地方工会利用夜校、夜访等方式，对职工特别是货车司机等新就业形态群体开展宣传教育，其实就是时间分离原理的灵活运用。

## 案例 43：湛江市总工会“平安夜访”让货车司机入会跑出“加速度”

湛江市总工会全面铺开“平安夜访”工作，推行党员干部夜间“组团”下沉到村（社区），联动各地党委政府，一体化推进货车司机入会工作。两个月累计发展货车司机会员近 6000 人，全市近 70% 的货拉拉司机加入工会组织。

2024 年 3 月起，湛江市总工会开展“平安夜访”工作，深入基层一线，与货车司机开展座谈，引导货车司机认识工会、了解工会、信任工会。实现“一县一码”，打造专属入会渠道。利用大数据分析勾勒用户画像，筛查潜在的货拉拉平台司机，推动入会。市总工会加强与市场监管、交通、交警等有关部门的沟通协调联动，共享数据信息，全面摸清核实当地货运企业名单和货车司机底数，并建立单位信息台账，精准推进货运司机入会工作。当地将货车司机入会工作纳入全市“四个全面”绩效考核，压实各级工会责任。建立周调度、月分析工作推进机制，加强跟踪督办，对难度大的重点企业，市县工会联动攻克瓶颈。在货车司机较为聚集的地点蹲点，引导平台司机便捷扫码加入工会。

**创新亮点分析：“夜以继日”服务职工**

湛江市总工会的“平安夜访”工作，在推动货车司机入会方面取得了显著成效。从时间分离原理的角度来看，这项工作的创新亮点主要体现在以下几个方面：

一是时间上的错峰。时间分离原理强调在不同时间段分离冲突双方，以降低问题难度。湛江市总工会的“平安夜访”将工作时间选择在晚上，货车司机结束一天的工作后，工会干部“组团”下沉到村（社区）进行走访。这种错峰走访的方式，有效解决了“时间错位”问题，使得工会能够更直接、更高效地与货车司机进行沟通。

二是阶段式的推进。初期通过与货车司机座谈，了解他们的需求，随后利用大数据分析等手段，精准筛查潜在会员，并通过专属入会渠道和便捷扫码方式，降低入会门槛，提高入会效率。

三是跨部门的协同。湛江市总工会加强与市场监管、交通、交警等有关部门的沟通协调联动，实现了数据信息的共享，同时通过建立已建会单位、未建会单位信息台账，实现了对入会工作的动态管理和跟踪督办。这种跨部门协同的工作机制，为精准推进货车司机入会工作提供了有力支持。

## 案例 44：象山县总工会创建职工夜校，满足群众精神文化需求

象山县总工会创新建立职工夜校，丰富职工业余生活，满足群众精神文化所需所盼。

一是以品牌建设为导向，突出“工”字特色。打造“象工晚

七点”品牌，建设职工夜校服务场景，精准化课程设置、矩阵式营销宣传，提高职工夜校的品牌辨识度。“职工达人体验”视频累计点击量突破 100 万人次，“象山工会”在全国县级工会新媒体传播力排行榜中多次获得前三名。

二是以职工需求为导向，提供个性化学习服务。向职工定向发放千余份问卷调查，深入了解职工学习需求。在夜校课程设置上，注重结合象山产业发展特点和职工实际需求，开设文化艺术、技能学习、海洋运动、舞蹈乐器、生活熏陶等五大类 12 门培训辅导课程，摄影、书法、舞蹈等热门课程完成授课 256 节次，服务职工 6458 人次。

三是以素养提升为导向，促进职工全面发展。联动商务局、卫健委、文广局等部门，发挥部门职能优势，优化推动新质生产力、新媒体营销、中医养生等社会热点与课程编制有机融合，通过在线学习、实践操作等方式提升课程学习效果。同时，组建公益名师团，聘请劳模工匠、名家名师等 20 余名教师。

**创新亮点分析：“错峰”创品牌**

象山县总工会创新建立职工夜校，打造“象工晚七点”特色品牌的举措，展现了多方面的创新亮点。

一是错峰服务。选择晚上七点这一非工作时间作为夜校的主要活动时间，避免工会活动与职工正常工作的冲突，使职工能够在工作之余参与夜校的学习。夜校不仅提供线下课程，还提供在线学习渠道，让职工可以根据自己的时间灵活安排，选择合适的学习方式。

二是个性服务。以需求为导向，通过问卷调查等方式了解职工需求，在课程设置方面实现精准匹配，提供多样化课程选择，满足不同职工的需要，提高职工的参与度和满意度。

三是联动服务。联合商务局、卫健委、文广局等多个部门推动夜校发展，聘请劳模工匠、名家名师等组成公益名师团，为职工提供高质量的教学资源和更加全面、专业的课程服务。这种跨部门合作的方式有助于提升夜校的教学质量。

“象工晚七点”特色品牌为职工夜校赋予了独特的标识，有效提升了品牌辨识度，使职工夜校在众多类似项目中脱颖而出，吸引了大量关注。

### 案例 45：广东省“工会夜校”点亮职工夜生活

广东各级工会探索在工人文化宫、职工之家等职工服务阵地，组织开办公益职工学堂，打造工会版职工夜校，在丰富职工业余生活的同时，进一步激发职工服务阵地新活力。“工会夜校”不仅成为职工的知识殿堂，还成为职工思想政治引领的前沿阵地。

“工会夜校”的课程设计紧贴职工需求，内容丰富多样。既有党的理论知识、政策法规等必修课程，也有职业技能培训、文化素养提升等选修课程。广州职工大学堂在全市 30 多个校区每月开设近百个专题、400 节免费课程，同时创办了“移动夜校”，将“课室”直接开在基层单位，突破了以往定内容、定时间、定地点的授课方式和时空局限。佛山市三水区总工会“园区七点半”公益培训 5 分钟内被“秒光”，江门市江海区职工学堂每期培训都满员……不少工人文化宫引入智能预约系统，实现课程报名的线上化、自动化，还利用大数据分析，精准把握职工的学习需求和偏好，不断优化课程设置和教学资源配置。“工会夜校”成为广东工会受欢迎、叫得响、有鲜明工会元素的服务职工品牌。

**创新亮点分析：打造职工服务“夜生活”**

广东各级工会探索开办公益职工学堂，打造工会版职工夜校，在丰富职工业余生活和服务职工方面展现了多维度的创新之处，这些亮点相互交织，构成了夜校独特的魅力和价值。

一是需求导向的课程创新。课程不仅涵盖了理论知识、政策法规等内容，还细分了职业技能培训、文化素养提升等多个领域。通过大数据分析职工的学习行为和偏好，夜校能够灵活调整课程设置，确保课程内容始终与职工需求保持同步。

二是打破传统的授课模式。将“课室”开在基层单位，打破了传统教育的时空限制，线上报名、线上学习、线下实践相结合的方式既保留了传统教育的深度，又发挥了在线教育便捷性的优势。

三是文化融入与品牌拓展。将工会文化融入夜校的建设和运营中，使得夜校不仅成为知识的传播地，还成为工会文化的展示窗口，通过高质量的课程、优质的服务、良好的口碑打造工会服务品牌，塑造了鲜明、独特的品牌形象。

## 三、条件分离原理

条件分离原理是解决物理矛盾的重要工具。其核心思想是通过设置不同的条件，实现冲突双方的分离，从而降低解题难度，推动技术和产品的创新发展。

条件分离原理为创新者提供了一种通过改变条件来解决物理矛盾的新思路，有助于创新者在面对复杂问题时，从条件的角度出发寻找解决方案，从而打破传统思维的束缚，实现创新突破。利用条件分离原理解决物理矛盾的步骤如下：第一步，定义物理矛盾，找到存在矛盾的参数，以及对该参数的要求。第二步，定义时间或空间，根据想实现的技术系统的理想状态，确定参数的不同要求在什么时间或空间可以实现。第三步，判断两个时间或空间是否存在交叉，如果不存在交叉，则尝试使用条件分离原理；如果存在交叉，则尝试用其他分离方法。

条件分离原理的核心思想是根据条件的变化来分离和满足不同需求，这对工会工作创新具有一定的启发性。

一是准确识别矛盾。工会工作中常常面临各种矛盾，如员工权益与企业利益之间的矛盾、不同员工群体之间的需求差异等。条件分离原理提醒我们，首先要准确识别这些矛盾，并理解它们产生的条件和背景。

二是灵活开展工作。工会工作涉及多个方面和层次，条件分离原理鼓励我们根据不同条件，如企业规模、行业特点、政策环境等，灵活应对这些矛盾。例如，在处理劳动关系矛盾时，针对不同类型的矛盾，如工资纠纷、工作环境问题等，设定不同的工作方案，推动劳动关系和谐发展；在员工培训中，根据员工的职位、技能水平和个人发展需求，制定不同的培训计划；为不同类型的员工提供专属福利、组织特色活动等。通过灵活运用条件分离原理，可以更有效地解决工作中的矛盾和问题，提高工会工作的质量和效率。

### 案例 46：重庆市沙坪坝区总工会打造单身职工婚恋服务品牌

重庆市沙坪坝区总工会紧贴职工需求，上下联动、创新方式、搭建平台，竭诚服务青年职工安居乐业。

一是广“联动”，打造服务 IP。上下联动，连续三年承办市级“渝见·会聚良缘”示范性活动及专场活动；横向联动，携手民政、教委、卫健等部门，团区委、妇联、科协等群团组织，以及赛力斯等企业力量，探索推进资源共享、活动共办、服务共融的协同化工作机制。

二是深“三融”，拓展服务影响。融入沙磁文旅特色，提升区域文旅影响力；融入红岩革命精神，弘扬正确婚恋新风；融入基层园区社区，服务新就业形态劳动者等重点职工群体，使活动内容更有特色和内涵。

三是创“三新”，提高品牌质量。创建“渝见·沙磁良缘”线上交友新平台，提升婚恋交友服务常态化和智慧度；打造交友“新方式”，创新“培训 + 交友”模式，邀请专业老师加强“美妆、美食、形象礼仪”等订单式培训，使职工既“交朋友”，又“学技能”；打造婚恋“新阵地”，在古镇磁器口、燃舍文博园等阵地打造“爱情基地”，构建“线上 + 线下”的立体服务网络，让职工更有获得感和体验感。

**创新亮点分析：职工“脱单”，工会在身边**

重庆市沙坪坝区总工会从服务单身职工这一群体出发，灵活运用条件分离原理，采取差异化服务策略，为其提供更精准、高效、贴心的服务 。

一是多级联动。通过上下联动，沙坪坝区总工会形成了良好的品牌效应。“线上 +线下”的立体服务网络，为职工提供了更多元的婚恋体验场所。通过短期活动和长期服务的结合，实现了服务效果的持续优化。短期活动如线上交友、线下聚会等可以快速吸引单身职工参与；长期服务如技能培训、职业规划指导等则可以为单身职工提供持续的支持和帮助。

二是多方合作。与民政、教委、卫健等部门以及群团组织、企业力量的横向联动，实现了资源共享、活动共办、服务共融，这种跨部门的合作模式大大拓宽了服务范围和深度。采用“培训 +交友”模式，不仅为职工提供了交友的机会，还通过专业培训提升了他们的个人技能。特别关注新就业形态劳动者等重点职工群体，针对他们的特点和需求提供差异化的服务策略，体现了对单身职工的多维度关爱。

三是多向融入。将沙磁文旅特色融入活动中，不仅提升了文旅影响力，也使活动更具地方特色和文化内涵。融入红岩革命精神，通过活动弘扬正确的婚恋观，既传承了红色文化，又引导青年职工树立正确的价值观。

## 案例47：奇瑞公司工会“三全一体”打造职工心理健康关爱服务体系

奇瑞汽车股份有限公司工会着眼于职工心理健康，全维度、全周期、全天候、一体化推动职工心理健康关爱计划（EAP），为职工提供专业、高效的心理健康服务。

一是构建全维度心理服务体系。建立EAP咨询管理系统，加强数字化管理和等级评估，制定三级规范化创评体系；按照“1+3+N”模式，投建1个EAP创“心”工作室、3个心灵驿站和26个职工健康角，打造全域化场所体系；与专业机构合作建立心理专家援助团队，组建“知心姐姐服务团”“心理关爱大师”等心理骨干志愿队，健全专兼结合的多元化人才体系。

二是实施全周期心理服务管理。加强全周期、全流程前置性心理服务管理。员工入职全员普测，建立“一人一册”心理健康档案；重点岗位就职必测，建立“一人一表”心理健康报告；重点人群及时跟测，建立“一人一策”心理调适方案。截至目前，已建立职工心理档案5000余份，开展心理调适100余人次。

三是打造全天候心理服务平台。打造“万心云”身心健康云平台，汇聚“80+”免费心理健康讲座精品视频课程，在线开展免费心理测评及正念冥想解压助眠服务，为职工提供7×24小时身心栖息之地。定期举办心理健康讲座、“心理嘉年华”主题活动，引导职工探索关系与沟通表达，促进自我改善与能力提升。

**创新亮点分析：差异化需求，全方位服务**

心理健康是职工的差异化需求，奇瑞汽车股份有限公司工会在这方面为职工提供了全维度、全周期、全天候一体化的心理健康关爱计划（EAP），不仅体现了对职工心理健康的高度重视，也展示了工会工作的前瞻性与创新性。

一是服务体系全维度。通过建立EAP咨询管理系统，实现心理健康服务的数字化管理和等级评估，提高了服务的精准性和效率。制定明确的三级规范化创评体系，为心理服务的标准化和高质量提供了有力保障。与专业机构合作建立心理专家援助团队，并组建心理骨干志愿队，如“知心姐姐服务团”“心理关爱大师”等，增强了服务的专业性和亲和力。

二是服务管理全周期。从员工入职开始就进行全员普测，建立心理健康档案，进行前置性心理服务，对重点岗位职工进行就职必测，对重点人群进行及时跟测，并制定相应的心理调适方案，体现了服务的针对性和个性化，增强了工会工作的实效性和覆盖面。

三是关心关爱全天候。创新打造线上平台，提供7×24小时的心理健康服务，包括免费心理健康讲座精品视频课程、在线心理测评、正念冥想解压助眠服务等，为职工提供了随时随地的心理支持。除线上平台外，还定期举办线下心理健康讲座和“心理嘉年华”主题活动，引导职工探索关系与沟通表达，促进自我改善与能力提升，形成了线上线下相结合的服务模式。

### 案例48：镇江市总工会打造“卡友”一小时法律服务圈

镇江市总工会聚焦货车司机维权服务工作，结合“卡友”需求，延伸服务触角，打造“卡友”一小时法律服务圈。

一是开展专项调研，把脉“卡友”维权现状。镇江市总工会联合江苏大学法学院开展“新业态职工权益维护现状调研”。调研显示，镇江市货车司机群体规模达2.8万人，但组织松散、人员分布广泛，维权需求以运费法律纠纷为主。结合调研情况，2022年，市总工会延伸服务触角，在平台企业惠龙易通公司成立新就业形态职工法律服务站，受到平台货车司机欢迎。

二是组建服务队伍，满足“卡友”维权需求。为满足“卡友”法律服务需求，确保法律服务站点常态化运转，市总工会专门成立了货车司机法律服务律师团和新就业形态职工法律援助志愿服务队，由50名专业律师“点对点”联系服务站，提供法律咨询、文书代写、争议调解、法律援助等维权服务。

三是开展专项行动，打造“卡友”法律服务圈。2024年，市总工会推出“卡友法律服务行”活动，市、县两级工会联动，联合社会工作部门、交通运输部门等，聚焦货车司机较为集中的物流园区、平台企业、高速服务区等地，建立工会法律服务站20个，打造货车司机一小时法律服务圈，为货车司机提供“面对面”法律服务。

**创新亮点分析：服务永远“在路上”**

卡车司机终年奔波在路上，工会的服务也永远“在路上”。在聚焦货车司机维权服务工作方面，镇江市总工会通过一系列创新举措，打造了“卡友”一小时法律服务圈，其特色体现在两个方面：

一是精准把脉，组建服务团。镇江市总工会联合江苏大学法学院开展专项调研，深入了解货车司机群体的规模、组织状况及维权需求，特别是运费法律纠纷等突出问题，为后续服务提供了坚实的数据支撑和需求导向。基于调研结果，在货车司机集中的平台企业惠龙易通公司成立新就业形态职工法律服务站，直接回应了“卡友”的维权需求。成立货车司机法律服务律师团和新就业形态职工法律援助志愿服务队，由50名专业律师提供“点对点”服务，确保了法律服务的专业性和全面性，提供法律咨询、文书代写、争议调解、法律援助等多元化的维权服务，满足了“卡友”在不同场景下的法律需求。

二是联动协作，构建服务圈。市、县两级工会联动，联合社会工作部门、交通运输部门等多方力量，形成了跨部门、跨层级的协作机制，增强了服务的整合性和协同性。在货车司机较为集中的物流园区、平台企业建立20个工会法律服务站，构建起一小时法律服务圈，实现了服务的广泛覆盖和快速响应。推出“卡友法律服务行”活动，集中力量、集中时间、集中资源，深化了法律服务在货车司机群体中的渗透力，通过“面对面”法律服务，增强了服务的亲和力和实效性。

### 案例49：鞍山市总工会强化职工子女托管班长效机制

**为缓解职工子女假期“无处去”“无人看”的问题，自2019年起，鞍山市总工会在全市推广爱心托管服务，打造工会爱心托管班品牌，在促进职工子女健康成长、职工家庭和谐幸福中展现工会组织新作为。**

一是开展调研摸清需求。深入基层收集职工托管服务意见建议，召开推进会、培训会，大力推介职工子女托管服务，让职工家长知晓工会组织的初心。二是建立资金保障机制。出台“扶上马”再“送一程”的资金支持政策，在第一年为新建托管班提供3万元配套资金支持基础上，对第二年、第三年寒暑假持续开班的，每个假期可再申请1万元，三年累计可获得最高7万元的支持资金，推动托管班持续开展，让广大职工看到工会组织的诚意。三是特色托管满足不同需求。招募大学生志愿者和各领域专家，壮大师资力量；区域联通资源共享，跨域托管服务实时自由灵活选择，让广大职工享受工会组织的福利。

截至2024年底，鞍山市总工会已投入资金40余万元，打造辽宁省工会爱心托管班7家、全国工会爱心托管班1家，且全市申请爱心托管班的单位呈逐年递增趋势。

**创新亮点分析：职工工作在岗，工会服务“到家”**

鞍山市总工会推广的爱心托管服务，在解决职工子女假期“无处去”“无人看”的问题上，展示了工会的创新作为。

一是以人为本，需求导向。鞍山市总工会通过深入基层的调研工作，精准掌握职工子女托管服务的需求，这种以需求为导向的服务设计，确保了托管服务能够真正解决职工的实际困难。在工作中实施“托管+”服务模式，如“托管+教育”“托管+兴趣培养”等，将托管服务与孩子的成长教育、兴趣培养等相结合，提供更丰富、更有价值的服务内容。

二是资金保障，支持到位。首年提供3万元的配套资金支持，为新建托管班提供启动资金，降低了初期运营成本。对第二年、第三年持续开班的托管班，每个假期再提供 1 万元的支持，三年累计最高可达 7 万元。这种持续的资金支持政策，确保了托管班的长期稳定运行。

三是特色托管，打造品牌。招募大学生志愿者和各领域专家，提供多样化的教学内容，满足孩子们不同领域的学习需求。通过区域联通和资源共享，实现跨域托管服务的实时自由灵活选择。通过品牌化的运营和管理，将爱心托管服务打造成为工会爱心品牌，提升服务的影响力，为构建和谐劳动关系、促进职工家庭幸福作出积极贡献。

| 第六章 |

# 物－场分析法与工会工作

物 – 场分析法是 TRIZ 的重要分析工具，由阿奇舒勒于 1979 年在其专著《创造是精密的科学》中提出。它可用于分析现有技术系统的模型性问题以改进技术系统，还能克服矛盾矩阵表的缺陷。在技术系统“参数属性”不明显时，矛盾矩阵表难以有效发挥作用，而物 – 场分析法可有效解决此类技术系统问题。

物 – 场分析法是一种从物质和场的角度分析、构造技术系统的理论与方法。阿奇舒勒经大量技术系统分析得出，技术系统要发挥有用功能，至少需构成一种最小系统模型，该模型包含三个必要元素：物质 1（工件）、物质 2（工具）和场。这种系统模型就是物 – 场模型。

在物 – 场分析法中，场（F）借助物质 2（$S_2$）作用于物质 1（$S_1$）并改变其状态，以实现系统所需功能。构建物 – 场模型通常遵循以下步骤（图 6–1）：

第一步：识别元件。首先确定系统需要完成的功能，并根据所在的区域和问题的表现，确定造成问题的相关元素，以缩小问题分析的范围。

第二步：构造模型。分析各元素之间的相互作用（或效应），确定物 – 场模型的类型，构建系统的功能模型图。

第三步：评估模型的完整性和有效性。一个有效的物 – 场模型应该包含所有必要的元素，并且这些元素之间的相互作用应该是合理且有效的。

第四步：识别问题类型。根据物－场模型的表现，可以识别出技术系统中存在的问题类型。针对不同类型的问题，需要采取不同的解决方法。

完成上述步骤后，需要选择并应用一般解法和标准解法。针对识别出的问题类型，可以从 TRIZ 提供的一般解法和 76 个标准解法中选择合适的解法来解决问题。

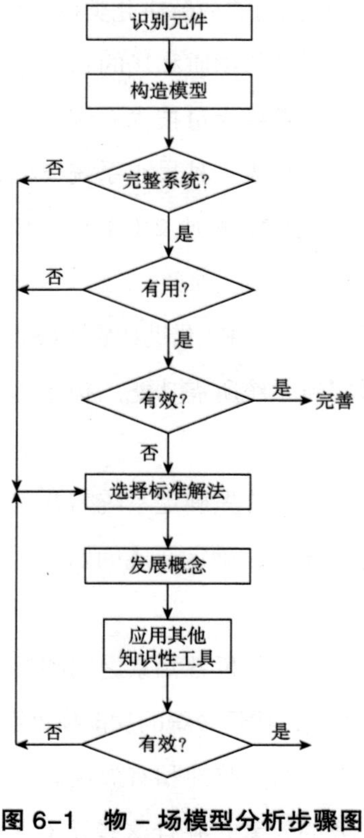


图 6-1 物－场模型分析步骤图

在实际工作中，系统的作用非常复杂，各功能相互交错，有害和有利作用共存。运用物 – 场分析法，将需要解决的问题用物 – 场模型进行描述，是解决问题的前提。物 – 场模型共有四类，其中有效完整功能模型是设计者追求的，不需要改进。其他三种，即不完整的功能模型、有害效应的完整功能模型和效应不足的完整功能模型，都没有达到系统所需要的功能，TRIZ 对此提出了对应的六个一般解法（表 6–1）和 76 个标准解法。

**表 6–1　六个一般解法表**

| 解法 | 内容 | 对应的模型 |
| --- | --- | --- |
| 一般解法 1 | 补齐元素（增加场或物质） | 不完整的功能模型 |
| 一般解法 2 | 增加第三种物质 $S_3$ 来阻止有害作用 | 有害效应的完整功能模型 |
| 一般解法 3 | 引入另外一个场 $F_2$ 来抵消原来场的有害效应 | |
| 一般解法 4 | 用另外一个场 $F_2$ 来替代原有的场 F | 效应不足的完整功能模型 |
| 一般解法 5 | 增加另外一个场 $F_2$ 来强化有用效应 | |
| 一般解法 6 | 引入第三种物质 $S_3$ 并增加另外一个场 $F_2$ 来强化有用效应 | |

物 – 场分析法对工会工作具有显著的启发和应用价值。其一，它促使工会工作进行系统性思考，要求全面考量问题的各个方面及影响因素，以找到全面有效的解决方案；其二，它引导工会工作深入探索问题本质，找出根源并制定对策，而非仅停留在表面现象；其三，它为工会工作提供创新解决方案。借鉴物 – 场分析

模型指导工作创新，尤其在处理复杂问题和应对新挑战时，能提出更新颖有效的方案。

针对工会工作的痛点和难点问题，运用物 – 场分析法深入剖析思考，提出如新工作模式、流程、技术或工具等改进措施，可提升工会工作效率和质量。具体步骤如下：

第一步：明确问题与挑战。通过收集职工意见、观察工会工作情况、分析工会工作数据等方式，明确存在的问题。

第二步：构建工会工作的物 – 场模型。在这个模型中，可以将职工视为物质 $S_1$，工会的服务、活动或政策视为物质 $S_2$，而工会与职工之间的相互作用方式，如沟通、教育、关怀等，则可视为场 F。通过构建物 – 场模型，更加直观地展示职工与工会之间的相互作用关系，为问题的分析与解决提供有效的工具。

第三步：评估工作现状。包括评估工会服务的质量与效果、职工对工会工作的满意度、工会工作的创新性与适应性等。

第四步：识别问题类型。根据物 – 场模型的表现和现状评估结果，识别工会工作存在的问题，针对不同类型的问题，采取不同的解决方法。

第五步：针对识别出的问题类型，从多个角度选择并应用合适的解决方法。例如，加强职工培训、优化服务流程、加强沟通与反馈等。

实践证明，物 – 场分析法对工会工作创新有重要作用，主要表现在加强工作的系统性和创新性、增进工会干部与职工的联系交流、预测和评估工作效果与改进工作方法、实现矛盾调处与冲突管理、推动工会数智化转型等方面。

展望未来，随着社会的不断进步和工会工作的不断发展，物－场模型在工会工作中的应用将会更加广泛和深入。工会工作者应该继续探索新应用、新方法与数据科学、人工智能等领域的融合，不断提升服务水平和影响力，促进工会工作的全面创新发展。

## 第一节　补充缺失的元素——树立问题导向

当物－场模型中缺少必要的元素（如场或物质）时，需要补充这些元素以使系统完整。应用这一解法时，通常遵循以下步骤：首先，识别缺失的元素；其次，确定补充的元素；最后，引入补充的元素。

在工会工作领域应用此解法要求工会干部做到以下几点：

一是精准识别工会工作的缺失元素。工会工作涉及多方面内容，在解决问题时，首先应识别出当前工作中存在的不足，如员工培训不足、福利制度不完善、文化活动缺乏等。

二是确定补充元素的类型和特性。根据识别出的缺失部分，明确需要补充的元素是什么，以及这些元素应具备哪些特性和功能。

三是根据职工需求补足缺失元素。若员工培训不足，需补充专业技能培训、职业发展规划指导等；若福利制度不完善，可调研员工需求，确定如健康保险、子女教育补贴、带薪休假等福利项目以完善制度。

## 案例50：杭州市总工会打造“六边形”生产骨干

2021年以来，杭州市总工会实施“磐石计划”，构建“四个一”培训体系，提升班组长岗位技能，助力高质量发展。

一套科学实用的内容体系。紧密结合企业班组长实际工作需要，突出针对性、适用性和可操作性，科学设置“六和塔”内容体系：管理理论、团队建设、沟通技巧、项目管理、安全生产、质量控制，补齐知识短板，打造“六边形”生产骨干。

一组灵活科学的培训模式。采取理论授课和参观践学、案例分析、角色扮演、生产实践等“1+X”多样化培训模式，最大限度激发学习兴趣，增强培训效果，在互动式、启发式、体验式教学中让班组长熟悉基本理论，掌握实践技能，强化应变能力。

一个随时能用的网课平台。针对企业班组长业余学习需求，打造工匠“云课”在线学习平台，累计上线800余门精品课程，实现按需点课、即学即用。

一个动态跟踪的培训机制。建立健全阶梯式、常态化跟踪培训机制，实施跟踪建档、量化赋分、跟进促学、定期回炉、常态交流的全过程、常态化培养，持续提升综合素质和管理能力。截至2024年底，累计有500多名参训学员走上更高层次管理岗位。

**创新亮点分析：补齐短板，提升技能**

杭州市总工会实施的“磐石计划”运用补充缺失元素的方法，为班组长岗位技能补齐短板，提升其综合能力。该工作的创新亮点如下：

一是精准识别缺失元素。杭州市总工会首先明确了班组长在实际工作中需要的关键技能和知识领域，通过科学设置“六边形”内容体系，精准识别出班组长在岗位技能上的短板和缺失元素。

二是全面补充缺失元素。针对识别出的缺失元素，采用一套科学实用的内容体系和灵活多样的培训模式来全面补充。培训不仅注重传授理论知识，还注重实践技能的培养。

三是建立动态跟踪机制。通过建立健全阶梯式、常态化跟踪培训机制，对班组长的学习进度和成长情况进行持续跟踪和评估。这种机制不仅确保了培训效果的持久性，还通过跟踪建档、量化赋分、跟进促学、定期回炉、常态交流等方式，动态地补充了班组长在成长过程中可能遇到的新缺失元素，促进了其综合素质和管理能力的持续提升。

通过“磐石计划”，班组长的岗位技能和管理能力得到全面提升。工会工作的创新为企业发展注入了新的活力。

## 案例 51：仪征市总工会举办技能竞赛激励“职业健康达人”

2024 年 7 月，仪征市总工会联合市卫健委等部门举办全市“职业健康达人”技能竞赛，自下而上层层发动职工踊跃参赛，通过以赛促学、以学促行，进一步普及职业健康知识，提升全市职工职业健康素养。

一是全员参与选“达人”。坚持每年将开展争做“职业健康达人”活动作为促进建设健康企业、创建劳动保护示范工会的重要内容。全市 100 余家企业主动开展“职业健康达人”评选活动，共评选产生“职业健康达人”400 余名。

二是同台竞技比实力。每年组织一次全市“职业健康达人”技能竞赛，通过理论知识、身体素质、操作技能、团体竞演四个项目比拼，使职工在竞赛中学知识、练技能、强素质。

三是创新形式展风采。在竞赛中融合多元职业场景，为不同行业的“职业健康达人”展现专业技能创造条件。同时注重加强团队协作，通过快板、歌舞、相声、情景剧、工间操等多种创作形式，积极传递职业健康理念。

仪征市已连续三年举办“职业健康达人”技能竞赛，此举补齐了企业职工健康管理中的“短板”，提高了职工隐患排查、防护救护等能力，激励了更多一线职工成为“职业健康达人”。

**创新亮点分析：竞赛促健康，关爱出“达人”**

开展竞赛是工会重要的工作手段。仪征市总工会联合卫健委等部门举办“职业健康达人”技能竞赛，用传统的手段开拓了创新的内容。从物 – 场模型中补齐缺失元素的角度看，竞赛活动针对企业职工健康管理中的“短板”进行精确识别、精准施策，提高了职工隐患排查、防护救护等能力，促进了职业健康知识的普及，提升了全市职工的职业健康素养。

仪征市总工会从关爱职工健康出发，自下而上层层发动，鼓励职工积极参与“职业健康达人”评选和竞赛活动，活动具有广泛的群众基础。全市 100 余家企业主动开展评选，产生 400 余名“职业健康达人”，彰显活动高参与度与影响力。活动采用以赛促学、以学促行模式，融合多元职业场景，为各行业“职业健康达人”提供展示专业技能的舞台。同时，借助快板、歌舞、相声、情景剧、工间操等多样创作形式，生动有趣地传递职业健康理念，增强活动趣味性。此外，竞赛活动还为职工提供系统职业健康知识培训，使职业健康理念深入普及，营造积极健康的文化氛围，赢得社会各界的广泛关注与赞誉。

## 第二节　引入新的物质——拓宽工作视野

引入新的物质指的是当现有物质无法满足系统需求或需要增强系统功能时，可以通过加入第三种物质来改变或增强物 - 场模型中的相互作用，阻止有害作用，从而达到解决问题或优化系统的目的。

引入新的物质对工会工作同样具有启发性。一是可以启发创新思维，跳出传统的方法和模式，敢于尝试新的理念和方法；二是可以建立问题导向，工会工作引入新的物质是为了解决现有问题或满足新的需求，针对职工关心的热点、难点问题，积极寻求解决方案；三是强化资源整合，引入新的物质往往需要对各种资源进行整合和配置，同样，工会工作也需要善于整合内外部资源，更好地服务职工群众。

在实践中，工会可以通过引入新的服务项目，如员工心理健康咨询、职业规划指导、在线学习平台等，满足员工日益增长的多元化需求；也可以通过引入社会资源，提高职工维权服务水平，如动员社会力量，建设户外劳动者驿站等；还可以加强组织建设，引入新的组织形式或管理模式，如建立跨部门协作机制等，更好地服务职工。需要注意的是，工会在引入新的物质或项目之前，应充分调研职工需求，引入之后，应持续关注实施效果，并根据实际情况进行持续改进和优化。

工会工作引入新的物质应该遵循如下步骤：首先，明确问题与目标，针对当前面临的问题与挑战，聚焦核心需求，为引入新的物质提供方向；其次，进行调研分析，识别出哪些新的物质，如新的服务项目、福利政策、文化活动形式等，可能有助于解决问题或实现目标；最后，基于调研结果，选择最适合当前需求的新物质进行引入。在选择新的物质时，应考虑可行性、成本效益以及职工的接受度。新的物质引入之后，工会还要持续探索新的可能性和改进空间，保持长远发展的活力。

### 案例 52：吉林省总工会运用红色工运资源深化理想信念教育

为深度挖掘红色工运资源的时代价值，传承吉林省“三地三摇篮”红色基因，推进理想信念教育常态化，吉林省总工会运用红色工运资源深化理想信念教育。2024 年联合省委宣传部命名中车长客股份公司高速动车组制造中心、一汽红旗文化展馆、长春电影制片厂、吉林市劳工纪念馆等 10 家单位为第一批吉林省职工思想政治教育示范基地。

一是高标站位，红色工运研究“深”起来。依托思政教育基地，深入挖掘吉林省工运史、劳模史。探索建立劳模工匠参与的跨学科专业、跨地区、跨部门研究的新机制，深入研究、阐释红色工运资源蕴含的精神文化价值，彰显红色工运文化的新影响。

二是创新形式，红色工运文化“亮”起来。不断探索红色工运文化的时代表达，构建线上线下相融合的场馆“云展厅”，提高红色工运资源数智化水平。将红色工运故事转化为生活化视角和网络化表达，创排大型歌舞实景剧、制作H5作品、抖音专题视频等，增强代入感、沉浸感、真实感。

三是融合发展，红色工运文旅“热”起来。学习先进地区红色文旅的优秀做法，推动红色文化旅游产业向纵深发展，使人们更直接、更切身地感受到红色工运文化的魅力。提高社会参与度，吸引更多人成为红色工运故事的讲解员、红色工运精神的传播者，让红色基因代代相传。

**创新亮点分析：让历史告诉未来**

从物－场模型引入新的物质的角度来看，吉林省总工会运用红色工运资源深化职工思想教育的做法，有以下几个创新亮点：

一是新资源的引入与整合。吉林省总工会在引入红色工运资源，包括吉林省的工运史、劳模史以及与之相关的各种文化元素的过程中，将这些原本分散、潜在的资源进行有效的整合和集中展示，形成了具有鲜明特色和深厚底蕴的红色工运文化体系。同时还引入了跨学科专业、跨地区、跨部门的研究力量，这些新的物质推动了红色工运文化的深入挖掘和传承。

二是新技术的运用与融合。在红色工运文化的传播方式上，创新性地引入线上线下相融合的场馆“云展厅”，使红色文化能够跨越时空限制，更加广泛地传播，提高了可达性和互动性。此外，还通过创排大型歌舞实景剧、制作H5作品、抖音专题视频等多种形式，将红色工运故事转化为生活化、网络化的表达，增强了受众的代入感、沉浸感。

三是新模式的探索与实践。将红色工运文化与旅游产业深度融合，推动了红色文化旅游产业向纵深发展。这种跨领域的融合不仅为红色工运文化的传播提供了新的平台和载体，也促进了旅游产业的升级发展。这种新模式的探索与实践，增强了红色文化的社会影响力。

### 案例 53：石嘴山市总工会挖掘工运资源再塑精神富矿

石嘴山市是国家三线建设时期在宁夏重点布局的老工业基地，曾产生了宁夏境内的“第一吨煤”“第一炉钢”“第一度电”。进入 21 世纪，煤炭等传统产业逐渐退出历史舞台，留下了洗煤厂、运煤铁路线、工矿区等大量工业遗存。近年来，宁夏石嘴山市总工会充分利用城市工业遗址，发掘工运资源，推动新时代职工思想政治工作创新发展。

一是深化载体，建成集群。在已建成的劳模展馆、工运史馆、党工共建展馆的基础上，将全市 11 家有创新特色的工运史展馆、劳模创新工作室、党工共建企业作为学习点纳入石嘴山工运史学习范畴，全方位、多角度展示石嘴山市工运发展事业，引导广大职工重温工人阶级艰苦创业的奋斗历程，为加快推进产业转型示范市高质量发展，奋力谱写中国式现代化石嘴山篇章建功立业。

二是扩大宣传，发挥实效。通过在大武口工业遗址公园、惠农区煤炭地质博物馆、石炭井工业文旅影视小镇等工运史学习基地开展劳模宣讲、职工疗休养、职工子女研学、职工主题阅读、“送文化进基层”、书画摄影展等活动，让职工充分了解石嘴山市“煤城”劳模奋斗历程，铭记工人运动历史，激励广大职工在助推石嘴山经济社会高质量发展中作出新贡献。

**创新亮点分析：铭记历史，“锈迹”重光**

石嘴山市总工会这项工作的创新亮点主要体现在以下几个方面：

一是深度挖掘工运资源，赋予历史遗存新生命。石嘴山市作为三线建设时期的老工业基地，拥有丰富的工业资源和工运资源，石嘴山市总工会将这些历史遗存转化为工运史学习基地，不仅保护了这些珍贵的历史遗产，还赋予了它们新的教育意义和生命力。在已建成的劳模展馆、工运史馆基础上，石嘴山市总工会进一步整合了全市具有创新特色的工运史展馆、劳模创新工作室等资源，形成了集群化的学习平台。这种集群化建设不仅丰富了学习内容，还提高了学习资源的利用效率和影响力。

二是创新宣传教育方式，激发职工学习热情。石嘴山市总工会通过在大武口工业遗址公园等地开展劳模宣讲、职工疗休养、职工子女研学等活动，创新了宣传教育方式，增强了职工的参与感和体验感，激发了他们的学习热情。利用互联网技术和新媒体平台，将线下的学习资源和活动与线上的学习平台相结合，形成了线上线下融合的学习网络，不仅拓宽了学习渠道，还提高了学习的便捷性。

三是强化思想政治引领，赓续红色基因。石嘴山市总工会通过全方位、多角度展示石嘴山市工运事业的发展，引导广大职工重温工人阶级艰苦创业的光辉历程和奋斗精神，有助于增强职工的凝聚力、向心力，激发职工在新时代的创新活力。通过深入挖掘和广泛传播工运历史和劳模事迹，弘扬了正能量，有效提升了职工的思想道德素质，营造了积极向上的文化氛围。

### 案例 54：上海市总工会发布红色工运地标系列短视频

2024 年 5 月 31 日，在“上海总工会成立一百周年”倒计时一周年之际，上海市总工会与上海人民广播电台合作推出“百年荣光，再启新程——行走的力量。解锁上海最值得去的红色工运地标”系列短视频。

一是迎接工会百年，City-walk 创新表达方式。上海市总工会做了精心策划，短视频以“百年荣光，再启新程”为主题，以知名主持人秦畅和青年劳模工匠边走边说的方式，接力讲述工运场馆、工运人物、工运事件，讲好工运故事、工会故事，生动再现百年工运光辉历程和伟大成就，引导广大工会干部和职工群众寻访红色地标，铭记奋斗之路，汲取奋进力量。

二是寻访红色经典，解锁最值得去的工运地标。短视频合计 10 集，主持人和劳模工匠走进中国劳动组合书记部旧址陈列馆、上海机器工会纪念雕塑、五卅运动纪念碑、沪西工人半日学校陈列馆、顾正红纪念馆、三山会馆、刘长胜故居、曹杨新村村史馆、劳模风采展示馆、上海工匠馆、沪东工人运动展示馆、浦东新区工人文化宫时代精神主题展等红色工运地标，回顾光荣岁月，汲取精神力量。

三是借助融媒平台，线上线下放大传播效能。上海市总工会邀请主持人与劳模工匠、青年职工等，围绕红色地标背后的历史故事和拍摄心得，进行学习分享。以线上讲述、线下交流的方式，实现传播效果最大化。

**创新亮点分析：红色历史的创新表达**

上海市总工会系列短视频的创新亮点主要体现在以下几个方面：

一是创新表达方式。通过 City-walk 的形式，将传统与现代结合，使观众在行走中了解和学习红色工运历史。这种边走边说的方式不仅增加了互动性，也使得内容更加生动有趣，推动了红色文化资源的开发与利用。通过讲述工运故事和工会故事，展示了工人阶级团结一心跟党走、合力奋进新征程的主力军作用和主人翁责任感。

二是内容精心策划。短视频以“百年荣光，再启新程”为主题，紧扣工会百年，展现了工运场馆、工运人物、工运事件等多个方面，使观众能够深入了解历史，感受革命先辈的英勇奋斗，增强了观众的历史认同感和自豪感。

三是融合历史现实。精心挑选了多个具有历史意义的红色工运地标进行探访，通过解锁这些地标，引导观众线下寻访，加深对红色工运历史的理解。借助线上线下多种融媒平台进行广泛传播，进一步提升了观众的参与感和获得感，为红色历史赋予了当代价值。

## 第三节 引入新的场——创新工作机制

当物－场模型中的场效应不足或存在有害效应时，可以通过引入一个新的场，与原有的场协同作用，以增强有用效应或抵消有害效应。引入新的场时，首先要进行问题识别，明确物－场模型中存在的问题是效应不足还是有害效应。根据问题的性质，选择合适的场，将新的场引入物－场模型，重新设计系统，使旧的场和新的场协同作用，以达到预期的效果。

引入新的场鼓励我们跳出传统思维，通过引入新的服务、活动或机制，寻找创新解决方案。工会工作中，也存在需要引入新的场的应用场景。例如，当一些活动对职工的吸引力不强，职工参与度不高时，可以引入新的形式，如线上互动平台、趣味竞赛等，提高职工参与度；当会员与企业之间的沟通不畅时，可以通过引入新的沟通机制，如定期座谈会、在线反馈平台等，增进双方的有效沟通和合作。

### 案例 55：中国机械冶金建材工会推进能级工资集体协商

中国机械冶金建材工会在深化产业工人队伍建设改革中，以推进能级工资集体协商为抓手，进一步建立健全技术工人薪酬激励机制，鼓励和引导技术工人提升技能水平、积极开展技术创新，实现企业劳动生产率提高和技术工人薪酬增长的“双赢”。

一是确定试点，示范先行。在钢铁行业遴选 10 家单位作为推进能级工资集体协商工作试点单位，其中包括已经取得一定实践经验的柳钢、南钢等企业，着重发挥示范引领作用，带动更多企业推进职工技术技能要素、创新创造成果等参与企业初次分配，实现多劳者多得、技高者多得。

二是提供范本，明确指引。在总结各地区、各企业先进经验的基础上，结合钢铁行业特点，下发能级工资专项集体协商协议书、企业能级工资集体协商内容指引表等参考资料，对技术技能类津补贴、技能竞赛类奖励、荣誉类奖励、学历提升类奖励、创新创造类奖励等协商内容提供方向指引。

三是行业推进，全面部署。结合全国大型钢铁企业工会主席联席会议这一行业平台，将推进能级工资集体协商工作作为主要议题，交流经验，作出部署。同时以钢铁行业为引领，持续推动机械、有色金属、建材行业企业能级工资集体协商工作普遍开展。

**创新亮点分析："能级协商"提升"协商能级"**

从物－场模型分析的角度，中国机械冶金建材工会工作实质上是在原有的技术、管理和激励机制等场的基础上，引入了新的、更为有效的场，以激发技术工人的创造力。

常见的集体协商的场多是从职工整体的角度出发，谈的是"最低线"或"平均线"，这些场的区分度不高，在一定程度上影响了技术工人技能提升和技术创新行为。引入新的场——能级工资集体协商机制，直接关联到技术工人的薪酬和福利，技术工人的薪酬与其技能水平、技术创新成果等紧密挂钩，形成了一个正向激励的场。这个新的场极大地激发了技术工人提升技能、参与技术创新的积极性。

在这个新的场中，工会提供的能级工资专项集体协商协议书、内容指引表等参考资料，为技术工人薪酬激励机制的建立和完善提供了明确的指导和方向。通过能级工资集体协商，建立健全了技术工人的薪酬激励机制。这种机制不仅鼓励了技术工人主动提升技能、积极参与技术创新，还实现了企业劳动生产率提高和技术工人薪酬增长的“双赢”局面。

这一新场通过正向激励和示范引领，激发了技术工人的创造力，同时，行业示范与交流平台的建立也促进了行业内的技术进步和资源共享，进一步提升了整个行业的劳动生产率。引入新的场还在深层次上塑造了企业的文化氛围，使得“尊重技能、崇尚创新”成为企业文化的核心价值之一。这种文化氛围的塑造，对于激发全体员工的创新潜能具有长远的意义。

## 案例 56：中车株洲电力机车有限公司推行能力等级评价机制　实现技高者多得

中车株洲电力机车有限公司突出技能价值激励导向，探索构建基于工位的技术工人能力等级（SPNK）评价机制，将技术工人匹配到合适工位，真正实现技高者多得。该评价分配制度试行以来，获得能级激励的技术工人年均收入增加 1500 元，工资增幅在 3% 以上。

一是建立员工能力评价体系。从工具使用能力、设备使用能力、素质能力、工艺质量要求和安全要求五个维度，结合“新八级工”职业技能等级，全面评价职工岗位工作能力，按照能力强弱划分为 ABCD 四个能力等级。

二是设置工位能力等级模型。从工位能力要求、工位价值程度和工位责任承担三个维度，设置 SPNK 四个工位等级模型，分别代表班组岗位所需的作业价值水平。

三是实现“岗得其人、人适其事”。班组根据职工能力等级进行工位岗位的聘任，最大限度地实现人岗匹配，提高职工配置的精准度。薪酬分配从按工种付薪转变为按能力与价值复合付薪，通过差异化激励，实现“该高的高，该低的低”。

**创新亮点分析：基于能力素质的分配机制**

《关于深化产业工人队伍建设改革的意见》提出，多措并举推动企业建立健全基于岗位价值、能力素质、创新创造、业绩贡献的技能人才薪酬分配制度，以提高技能人才薪酬待遇为重点开展工资集体协商。从物－场模型一般解法“引入新的场”的角度看，中车株洲电力机车有限公司在技能价值激励与工人能力评价方面，体现了以下创新：

一是多维度能力评价体系的构建。从工具使用、设备操作、个人素质、工艺质量及安全要求等五个维度出发，结合“新八级工”职业技能等级制度，对技术工人的岗位工作能力进行全面评价。这种多维度评价体系能够更准确地反映工人的实际工作能力，为后续的工位匹配和薪酬分配提供了科学依据。

二是工位能力等级模型的设立。公司创新性地设置了 SPNK 四个工位等级模型，这些模型从工位的能力要求、价值程度及责任承担等三个关键维度进行划分，明确界定了不同工位所需的作业价值水平。通过工位能力等级模型，公司能够清晰地识别出各个工位的核心价值和能力要求，为工人与工位的精准匹配奠定了坚实基础，同时也为工位的价值评估提供了客观标准。

三是人岗匹配的精准化与薪酬分配的差异化。公司根据工人的能力等级进行工位岗位的聘任，实际上是在工位管理领域引入了新的场——工位价值场，实现了人岗匹配的高效精准。同时，薪酬分配机制也从传统的按工种付薪转变为按能力与价值复合付薪，通过差异化激励来体现“技高者多得”。这种薪酬分配的创新做法，实际上是在薪酬分配领域引入了新的场——能力与价值场，不仅提高了工作效率和岗位适配度，还极大地激发了工人的工作积极性和创造力，直接体现了对技能价值的尊重与认可，有助于形成积极向上的工作氛围和良性的竞争机制。

## 第四节　改变场的类型或方向——突破思维定式

在原有物 – 场模型中，场不适合当前的应用场景时，可以考虑改变场的类型或方向，用另一个场代替原来的场，从而改变物质之间的相互作用方式。在实施中，首先要明确物 – 场模型中存在的问题，是场类型不合适还是场方向不正确，然后根据问题的性质和目标，选择合适的场或调整场的方向，将新的场或调整后的场方向引入物 – 场模型。

这一解法在工会工作创新中有一定的启发与借鉴意义。工会工作需要根据会员不断变化的需求改变场的类型或方向，跳出传统的工作模式，尝试新的工作方式和方法。例如，如果传统的线下服务形式无法满足会员的多样化需求，工会干部需要考虑改变场的类型，如引入线上服务平台、开展定制化服务、组织跨界合作等，为职工提供更便捷、个性化、高质量的服务；如果传统工作模式不适用于与新就业形态劳动者的沟通，可以引入新的沟通渠道，如社交媒体、在线论坛等，增强互动和交流；如果传统的培训方式无法满足个性化学习需求和时间安排，工会可以考虑改变场的类型，引入线上学习平台、微课、直播等新型培训方式，同时调整培训内容，改变场的方向，使培训内容更贴近会员的实际工作需求和职业发展路径。

### 案例 57：江山市总工会“车间直播 + 工匠主播”打造电商新模式

江山市总工会推出的“车间直播 + 工匠主播”电商新模式，把直播场景搬到工厂车间、生产一线，让消费者透明、放心消费的同时，大力弘扬工匠精神。截至 2024 年底，江山市已有 51 家工业企业参与直播，打造车间直播间 76 个。

一是“匠心”育“匠播”。制定出台“车间直播 + 工匠主播”三年行动计划，从企业主、工程师、车间主任、销售经理等群体中挑选出工匠人才，制定“工匠星主播”培育方案，定期开展以短视频拍摄、直播活动策划、形象品牌打造等为主要内容的业务培训，每年举办 1～2 次“匠播”大赛，挖掘和培育工匠主播 270 余名，带动 1400 余人加入车间直播大军。

二是政策引人才。针对部分小微企业发展资金缺乏问题，市总工会联合人民银行推出“职创贷”低息贷款政策，开展电商领军人才、优秀电商团队、十佳工匠主播等评选活动，设立优秀人才奖励资金，鼓励和支持企业加大专业人才引育力度，推动形成“引人＋育人＋留人”的良性循环。

三是靠前解难题。发挥互联网行业联合工会和数字经济产业园联合工会作用，邀请国内优秀直播团队、网络带货达人，常态化开展点题式、驻点式、巡回式服务，定期举办“奇点沙龙”“私人董事会”等主题研讨活动84场次，帮助企业破解车间直播堵点、难点问题200余个。

**创新亮点分析：工匠变主播，车间变商场**

江山市总工会推出的“车间直播＋工匠主播”电商新模式，是一项富有创新性的工作。从物－场模型的一般解法改变场的类型或方向的角度来看，江山市总工会的创新点主要体现在以下几个方面：

一是直播场景的创新。将直播场景搬到了工厂车间和生产一线，在这个场中，消费者可以实时观看产品的生产过程，与工匠主播进行互动交流。这种场景的创新让消费者能够更直观地了解产品的生产过程和工艺细节，从而增强消费者的信任感。

二是主播身份的创新。从企业主、工程师、车间主任、销售经理等群体中挑选工匠人才作为主播，这种职工身份的创新不仅增强了消费者对产品的信任度，还传递了产品的独特价值和工匠精神，提升了直播的吸引力。

三是主动上门的服务创新。通过互联网行业联合工会和数字经济产业园联合工会，邀请国内优秀直播团队和网络带货达人，为企业提供点题式、驻点式、巡回式服务，并定期举办主题研讨活动。这种服务模式的创新，不仅帮助企业解决了车间直播中的实际问题，还促进了企业之间的交流与合作，推动整个行业共同发展。

## 案例 58：国网常州市金坛区供电公司劳模服务队问需于企，送技上门

国网常州市金坛区供电公司开展“劳模工匠助企行”专项行动以来，组建劳模工匠助企行服务队袁俊球服务小组，在原有助企创新成果的基础上持续发力，问需于企，送技上门。

一是对症下药，解锁提质升级“新密码”。劳模袁俊球带领服务小组主动走访企业，帮助解决技术难题。针对纺织、印染等行业蒸汽需求日趋增长，锅炉成本贵、能耗高等问题，探索出将电力转化为热能的有效路径，研发出电蒸汽蓄热锅炉，将电蒸汽成本从 600 元 / 吨降至 200 元 / 吨以下。

二是数智赋能，激发乡村振兴“活力源”。针对金坛地区部分燃煤粮食烘干机效率低、污染重、成本高等问题，自主研发“热泵 + 热回收”技术；针对渔场存在的“渔电”矛盾、经济效益差等问题，建立以养殖为主、发电为辅的“光伏 + 轨道式”自动投喂系统，运行成本下降 30%~50%，渔业养殖产量提升 30%。

三是多能互补，按下节能减排“快进键”。针对金坛中德创

新产业园天然气锅炉供热噪声大、效果差、废气多等问题，开发“高效电热耦合新技术”，减少碳排放 25.4%，节省 20%~30% 的用能支出。

**创新亮点分析：送需上门，送技到家**

金坛区供电公司劳模服务队的工作创新是改变场的类型和方向的生动案例。劳模服务队真正实现了由“坐商”到“行商”的转变，改变了过去“有什么送什么”的服务模式，通过问需于企、送技上门，主动走访企业，帮助开发技术产品，实现了“要什么送什么”。

一是技术创新的针对性与实用性。服务小组通过深入企业走访调研，精准识别企业的技术难题和需求，这种对症下药的技术创新方式极具针对性和实用性。

二是数智融合与多能互补。服务小组利用“热泵 + 热回收”技术，解决了燃煤粮食烘干机效率低、污染重的问题，不仅提高了效率，还降低了成本，减少了环境污染，体现了绿色智能的发展理念。针对创新产业园的供热问题，服务小组开发了“高效电热耦合新技术”，实现了多能互补。这种系统集成创新的方式，提高了能源利用效率，促进了节能减排。

三是主动上门的服务模式创新。“劳模工匠助企行”专项行动本身就是一种服务模式的创新，通过组建由劳模工匠领衔的服务队，主动上门为企业提供服务，问需送技，不仅解决了企业的实际问题，还促进了技术知识的传播和共享。这种服务模式增强了企业之间的合作与互动，提升了服务质量和效率。

## 第五节　增加物质或场的强度——完善服务生态

如果现有的场或物质的强度不足，可以通过增加其强度来解决问题。具体方法包括增加场的能量，或增加另外的场 $F_2$ 来强化有用效应，也包括改变物质的性质或增加物质的量。运用增加物质或场的强度这一解法，需要明确物－场模型中存在的问题，对场或物质的强度进行评估，并制定提升场或物质强度的方案。

增加物质或场的强度对提升工会工作效能有启示意义。例如，通过在职工培训中引入更专业的师资、组织更具吸引力的活动、增加奖励机制等方式增加物质强度，提高会员的参与度；通过引入新技术、新工具、新方法，探索新的服务领域和方式等增加场的强度，更好地调动职工积极性，实现服务创新。

### 案例 59：中国一汽工会推进“旗享服务圈”打造“幸福一汽人”

中国一汽工会始终坚持“惠员工”战略，践行“双关心、双成长”理念，把握企业发展新阶段，贯彻服务员工新思路，构建服务员工新格局，以满足员工需求为导向，党政工团齐抓共管，共建共创共享，推进“旗享服务圈”建设，打造 15 分钟员工服务圈，让广大职工更有获得感、幸福感和自豪感；实施“成长关心、健康关爱、生活关怀”三大工程，开展 12 项提质行动，在工作学习生活等方面全方位满足广大员工对美好生活的向往。

中国一汽工会依托成长关心卡、健康关爱卡、创新关切卡、生活关怀网等“三卡一网”数字化平台，打造便利便捷“生活圈”，构建衣食住行、学习成长、休闲娱乐、运动健身、便捷服务一体化的优享生活便利圈，实现一站式服务体验；打造暖心暖情“关爱圈”，实现精准帮扶、爱心互助、大病救助等，解决员工急难愁盼问题；打造共创共享“生态圈”，引进社会资源提供全方位服务，实现互惠共赢，倾力打造新时代员工快乐工作、美好生活的新生态，助力企业高质量跃迁发展。

**创新亮点分析：“服务圈”成就“幸福感”**

从物－场模型增加物质或场的强度的角度来看，中国一汽工会推进“旗享服务圈”，打造“幸福一汽人”的创新之处体现在以下几个方面：

一是更新服务理念。一汽工会提出的“双关心、双成长”理念，以及“惠员工”战略，体现了企业对员工全面发展的高度重视。这种以人为本的发展理念是企业文化的重要组成部分，也是吸引和留住人才的关键。

二是强化服务载体。通过“三卡一网”数字化平台强化服务员工的物质载体，构建便利便捷的“生活圈”、暖心暖情的“关爱圈”和共创共享的“生态圈”，为员工提供了便捷的服务通道，增强了服务效能。

三是增强服务场的强度。通过实施“成长关心、健康关爱、生活关怀”三大工程，以及具体的12项提质行动，构建了全方位、多层次的服务场，不仅覆盖了员工的工作、学习、生活等多个方面，还通过不断的创新和改进，增强了服务的广度和深度。

四是深化数智转型。利用数字化技术对传统的服务模式进行创新升级，通过“三卡一网”数字化平台，实现员工服务的在线化、智能化和个性化。这种数智化转型不仅提高了服务的效率，还通过数据分析和智能推荐等方式，增强了服务的针对性。

五是构建共赢生态。通过打造共创共享的“生态圈”，引进社会资源提供全方位服务。这种合作模式不仅丰富了服务的内容和质量，还增强了服务的可持续性。同时，通过构建企业与员工的共赢生态，激发了员工的创造力，为企业的高质量发展注入了新的活力。

中国一汽工会的这些创新举措，不仅提升了员工的满意度，还为企业的高质量发展提供了有力支撑。一个关心员工、注重员工发展的企业，必然能够激发员工的创造力和潜力，从而推动企业不断向前发展。

### 案例 60：北京市朝阳区总工会全媒体矩阵讲好新时代劳模故事

北京市朝阳区总工会以“中国梦·劳动美”为主题，于 2024 年 5 月开展了一系列全媒体矩阵劳模主题宣传活动，吸引《工人日报》《北京日报》等媒体联动宣传报道劳模选树等重点活动。媒体线上线下同步推送，报、刊、网、端、微、视、屏同频共振，文、图、音、视百花齐放。

一是加强多层次传统媒体宣传。制作区总工会宣传杂志《朝阳奋斗者》（五一特刊），深度报道劳模事迹；编发《朝阳报》2024 年朝阳区劳模先进事迹专刊；围绕全国和首都劳动奖章获得者游览亮马河等重点活动，组织《工人日报》《北京日报》《劳动午报》等中央及市、区传统媒体联动报道。

二是打造全方位新媒体矩阵。挖掘整理快递、教育、科技、文旅、中医药等具有朝阳区域特色的先进代表事迹，拍摄宣传片《功夫》，利用"朝阳工会"微信公众号、"北京朝阳"微信公众号、《劳动午报》客户端、中工网等新媒体平台同步推广，新媒体端观看播放量突破10万人次；策划制作中工网北京朝阳劳模先进事迹专栏，点击浏览量突破500万人次。

三是构建区域内全天候立体化传播体系。朝阳区各级工会充分利用工会宣传阵地及辖区内优势宣传资源，在三里屯、蓝色港湾、蓝岛等知名商圈，奥林匹克森林公园、国家会议中心、中影党史馆影院等户外大屏，物业楼宇宣传屏，商贸市场宣传屏，医院大厅等全天候循环播放宣传海报及《功夫》宣传片，向全社会传递劳模精神、劳动精神、工匠精神。

**创新亮点分析：发挥"矩阵"的功能**

北京市朝阳区总工会劳模主题宣传活动的创新在于提高了工会"传播场"的强度，主要体现在以下几个方面：

一是传统媒体与新媒体的深度融合。通过制作《朝阳奋斗者》（五一特刊）和《朝阳报》专刊，组织多家传统媒体进行联动报道，拓展了宣传的深度和广度，增强了报道的权威性和影响力。利用微信公众号、客户端、中工网等新媒体平台，形成全方位的新媒体宣传矩阵。除了传统的文字报道，还利用视频、音频、图片等多种媒体形式进行展示，使信息传播更加迅速、广泛。

二是全区域资源的充分利用和立体化传播。挖掘整理具有朝阳区域特色的先进代表事迹，使宣传内容更加贴近实际、贴近生活、贴近群众。通过调动工会宣传阵地及辖区内优势宣传资源，形成线上线下相互呼应、相互补充的宣传格局。

三是线上线下互动增强参与性。新媒体平台的评论、点赞、分享等功能，增强了受众的参与感和互动性。重点活动实现了线上线下活动的有机结合，在发挥矩阵功能方面展现出多层次、全方位、全天候、立体化的创新亮点，为传播劳模精神、劳动精神、工匠精神提供了有力的支撑和保障。

### 案例 61：山西省总工会“四个联动”构建大宣传工作格局

2024 年以来，山西省总工会将构建大宣传格局作为全省工会工作的重要部署，聚焦“四个联动”，出“组合拳”、打“团体战”，唱响工会好声音。

阵地联动，突出核心强势宣传。聚合全省工会特色阵地，组织重大主题宣传宣讲，排演 30 余个文艺宣讲节目，精心选树宣讲员、制作宣讲课，线上线下宣传宣讲党的创新理论。

媒体联动，共建工会传播强阵。通过《人民日报》《工人日报》等宣传平台，努力扩大工会影响力。与《山西日报》、省广播电视台合作升级工会融媒体平台，新媒体关注度稳步上升；与人民日报社山西分社联合组织全媒体调研行，深入挖掘工会特色，打造《给的哥的姐心里安个“家”》等系列“大流量”产品。

活动联动，“走出去”主动对接。主动与省作协、省文联、省传媒学院等单位签订战略合作协议，联合打造“三工”文学作品征文、“当一天工人”采风、“我的奋斗故事”等爆款活动品牌，参与人数近8万人次。

品牌联动，全面展示担当作为。坚持“工作即宣传”理念，工会工作全面提质增效，系统性、整体性、联动性展示工会组织担当作为。开展“我们的节日·工会在身边”活动，深入各行各业开展“工益”服务30余次，进一步扩大了工会影响力。

**创新亮点分析：工作即宣传**

山西省总工会构建大宣传格局的工作创新主要体现在以下几个方面：

一是阵地联动增加场强。通过聚合全省工会特色阵地，增加宣传的“物质基础”。通过增强宣传内容的多样性和丰富性，提高宣传的吸引力和影响力。

二是媒体联动强化场力。与《人民日报》《工人日报》等权威媒体合作，升级工会融媒体平台，更有效地传播工会声音。组织全媒体调研行，深入挖掘工会特色，打造系列“大流量”产品，增强媒体宣传的实效性，在原有的媒体场中注入新的能量。

三是活动联动扩大场面。主动与省作协、省文联、省传媒学院等单位签订战略合作协议，为工会工作提供了新支持。联合打造活动品牌，吸引大量职工参与，扩大了活动场的覆盖面。

四是品牌联动丰富场景。坚持“工作即宣传”理念，将工会工作与宣传紧密结合，展现工会组织的担当作为，在工会与职工群众之间建立了更强的场连接，提升了工会品牌的影响力。

## 第六节 使用双系统或多系统——形成创新合力

在物－场模型中，单一系统无法满足特定功能需求时，需要使用两个或多个系统来共同产生所需的效应。使用双系统或多系统时，首先要明确原系统中存在的问题和功能需求，确定是否需要使用双系统或多系统来解决问题。然后在需求分析的基础上，根据需求设计双系统或多系统架构，确保其满足预期功能。

在工会工作中引入双系统或多系统，可以放大服务功能，提高工作效率。例如，仅靠工会系统难以满足职工日益增长的需求时，可以考虑引入并行工作系统，积极引导社会组织服务职工群众，也可以与执法部门协调，共同维护职工权益。

### 案例 62：宁波市镇海区“工会＋检察”协同监督，保护劳动者职业健康权益

近年来，宁波市镇海区总工会、区人民检察院协同办理无损探伤、小微放射诊疗等多领域劳动者权益保护公益诉讼案件，取得积极成效。

一是加强联动，提升监督精准性。2023 年 8 月，镇海区工会志愿者反映，辖区内部分小微放射诊疗机构放射防护不到位，从业人员存在职业健康隐患。镇海区总工会、区检察院根据协同机制，联合对 4 家口腔和宠物诊疗机构进行现场调查，并调处市场监管、农业农村部门相关数据，经研判后启动协作监督程序。

二是综合施策，筑牢职业健康防线。2024年10月，区检察院、区总工会组织卫健委、生态环境局等部门，邀请人大代表、政协委员和专家召开公开听证会，帮助行政部门理顺履职边界，形成监管合力。同时制发监督意见书4份，督促12家机构安排30余名劳动者进行职业健康体检，对筹建中的10家机构进行点对点指导。

三是动态跟进，巩固监督工作质效。召开合规约谈会，分析安全生产和职业病防治风险隐患，引导企业签订合规承诺书，落实职业健康防治主体责任。2024年，经区检察院、区总工会共同审查材料，辖区内72家小微放射诊疗机构已全面完成整改。

**创新亮点分析："双系统"打造劳动者权益"双保险"**

从使用双系统或多系统的角度看，宁波市镇海区总工会与区人民检察院在协同办理劳动者权益保护公益诉讼案件中的创新点可以归纳为以下几个方面：

一是双系统融合。通过建立协同机制，工会与检察院共同作用于劳动者权益保护这一核心目标。这种跨领域的协同不仅增强了工作的力度和深度，也拓宽了解决问题的视野。

二是多部门联动。在协同过程中，不仅工会和检察院紧密合作，还引入了卫健委、生态环境局等多个相关部门，形成了多部门联动的格局。这种多部门协同工作的模式能够更有效地整合资源，形成合力，提高解决问题的效率和质量。

三是精准监督。通过工会志愿者的反馈和现场调查，以及与市场监管、农业农村等部门的数据调处，实现对小微放射诊疗机构等特定领域的精准监督，提高了监督的针对性。

四是长效机制。这一工作不仅关注问题的解决，还注重问题的持续跟进和巩固。在解决问题的过程中，通过制定相关规章制度、完善工作流程、加强宣传教育等措施，逐步建立起一套完善的劳动者权益保护体系。这种长效机制的建设，为未来的工作提供了有力的制度保障和支撑。

### 案例 63：柳州市柳南区总工会推行“纵横责任网＋社会组织＋三熟三进”工作法化解劳动争议

柳州市柳南区总工会探索劳动争议源头治理新解法，推行“纵横责任网＋社会组织＋三熟三进”工作法，一揽子开展劳动争议调解，有效化解全区 90% 以上的劳动纠纷。

一是建立劳动争议纵横责任网。纵向以镇（街道）为单位，划分 11 个网格，建立镇（街道）工会联合会职工法律服务窗口；横向建立一支有 27 人的“工会公益性岗位＋集体协商指导员＋劳动法律监督员＋律师”维权网格员队伍。通过纵横责任网，实现矛盾纠纷“件件有着落，事事有回应”。

二是引入专业社会组织调解力量。秉承“专业的人做专业的事”的原则，有机整合基层议事协调机构，通过购买服务，将开展专业调解的社会组织——柳南区“和事佬”说和事务所引入劳动争议多元调解，充分发挥社会组织的专业优势服务职工群众。

三是探索运用“三熟三进”工作法。“三熟”即找熟悉的人、进熟悉的门、做熟悉的事，“三进”即典型案例进基层、诉调对接进网格、“和事佬”说和进企业，增强了调解工作的贴近性与实效性。

**创新亮点分析：“加法”的力量**

柳州市柳南区总工会推行的“纵横责任网+社会组织+三熟三进”工作法，体现了引入双系统或多系统的创新思路。通过构建纵横交织的责任网、引入专业的社会组织以及运用“三熟三进”工作法，成功地构建了一个多元化、专业化的劳动争议处理体系。其创新之处主要体现在以下几个方面：

一是融合构建纵横责任网。通过纵横责任网的构建，形成了一个覆盖全面、响应迅速的劳动争议处理网络。

二是引入第三方社会组织系统。引入社会组织，与原有的工会系统和法律系统形成互补。不仅能够提供更加灵活的调解方式，还能够发挥社会组织的专业优势，更有效地化解劳动争议。

三是“三熟三进”工作法促进系统间协同。巧妙地利用了现有的人际关系和资源，促进各个系统之间的协同和合作，不仅加强了工会、法律机构和社会组织之间的联系和合作，还将专业的法律知识和调解技巧带到了基层和企业。

## 案例64：宁夏回族自治区总工会与多部门协同推进“一函两书”

宁夏回族自治区总工会联合人民法院、人民检察院、人社厅共同印发《关于协同推进工会劳动法律监督“一函两书”制度保障劳动者权益工作的通知》（以下简称《通知》），明确了协同推进“一函两书”制度的主要任务和工作举措。

《通知》要求县级以上总工会要聚焦欠薪、超时加班等问题和新就业形态劳动者、农民工等重点群体的权益保障，向不特定用人单位公开发布《工会劳动法律监督提示函》，并通报人民法院和检察机关。在涉及新就业形态劳动者和女性、残疾人、老年劳动者等重点群体权益，或涉及社保欠缴等群体性纠纷且用人单位不予配合的情况下，县级以上总工会可将《工会劳动法律监督意见书》抄送同级检察机关和人民法院。用人单位在收到《工会劳动法律监督意见书》后未在规定期限内答复或无正当理由拒不改正的，县级以上总工会将向人社等同级人民政府相关执法部门发出《工会劳动法律监督建议书》，并抄送同级检察机关。

截至2024年底，宁夏在区、市级层面均已实现多部门协同协作机制的全覆盖，县级层面覆盖率已达96%，基层工会已建立劳动法律监督组织2249个，设置劳动法律监督员3951名。

**创新亮点分析：多方同向发力，共织维权“一张网”**

宁夏回族自治区总工会联合人民法院、人民检察院、人社厅共同推进工会劳动法律监督“一函两书”制度，体现了在党的领导下，多系统、多部门同向发力，织就保障劳动者权益“一张网”，这种做法既发挥了制度优势，又体现了工作创新。

一是构建多部门协同机制，形成合力。该制度实现了工会、人民法院、人民检察院和人社厅等多个关键部门的协同作战，实现了跨部门合作与全域覆盖，从区、市级到县级层面，通过运用多部门协同协作机制，基层工会建立了大量的劳动法律监督组织和监督员，使得监督网络更加密集和有效，为制度的实施奠定了坚实的群众基础。

二是预防与监督并重，增强动力。通过公开发布《工会劳动法律监督提示函》，对潜在问题进行预警，体现了预防为主的理念。同时，《工会劳动法律监督意见书》和《工会劳动法律监督建议书》则针对具体问题进行了监督和纠正，形成了完整的监督链条。制度特别关注新就业形态劳动者、女性、残疾人和老年劳动者等重点群体的权益保障，以及欠薪、超时加班、社保欠缴等热点问题，体现了对弱势群体和关键问题的特别关注。

三是法律监督与执法衔接，强化执行力。工会作为劳动者的代表，通过发出“一函两书”进行法律监督，为劳动者提供了更加直接和有效的维权途径。用人单位拒不改正时，工会将向人社等执法部门发出建议书，并抄送检察机关，形成了法律监督与行政执法的有效衔接，增强了监督的权威性和执行力。

# 第七章

# 标准解法与工会工作

物－场分析法为发明问题构建了系统化解决框架。该模型将技术系统解构为物质 $S_1$、物质 $S_2$ 和场 F 三个核心要素，任何技术系统的功能实现及其改进均可通过这三者的相互作用形式进行描述。基于对大量专利中物－场作用模式的归纳，阿奇舒勒提炼出包含 5 级 18 个子级的 76 种标准解法体系，形成针对不同物－场模型缺陷的规范性解决方案（表 7–1）。其中，一般解法适用于简单问题，针对不完整模型提供灵活改进方案；标准解法则覆盖复杂问题，通过结构化分类和精细化解法给出具体实施方案，具有更广泛的适用性。该体系通过递进式的问题解决，实现了从问题识别到创新方案输出的标准化流程，显著提升了技术系统的创新效率。

**表 7–1　5 级标准解法表**

| 层级 | 级名称 | 子级数 | 标准解法数 |
|---|---|---|---|
| 第 1 级 | 建立和拆解物－场模型 | 2 | 13 |
| 第 2 级 | 强化完善物－场模型 | 4 | 23 |
| 第 3 级 | 向超系统或微观级转化 | 2 | 6 |
| 第 4 级 | 检测和测量的标准解法 | 5 | 17 |
| 第 5 级 | 简化与改善策略 | 5 | 17 |
| 合计 | | 18 | 76 |

物 – 场分析法与标准解法结合使用，可系统化解决创新问题。具体流程为：首先，将实际技术问题转化为物 – 场模型，通过识别系统中的物质 $S_1$、$S_2$ 及场 F 三要素，确定模型所属类别；其次，依据模型类型匹配对应的标准解法子级（共 5 级 18 个子级），选取适用的标准解；最后，将抽象的标准解转化为具体技术方案，结合实际问题边界条件进行参数调整和方案优化，最终获得可实施的创新解决方案。

标准解法的使用步骤可以归纳为以下流程图（图 7–1）。

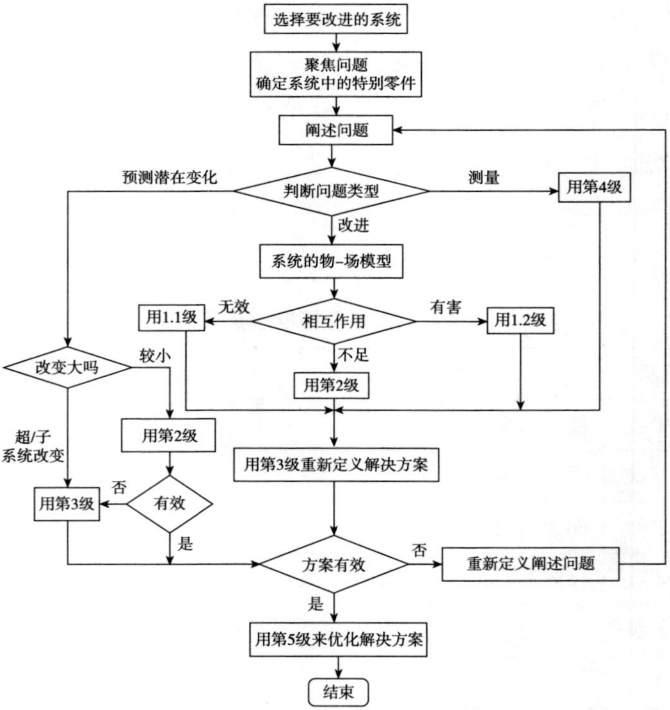


**图 7–1 标准解法使用流程图**

根据图 7–1，使用标准解法时，需要先确定问题类型；接着，建立并分析现有技术系统的物 – 场模型，选择对应的标准解法；获得对应的标准解法和解决方案后，需要检查模型是否可以应用标准解法进行简化。需要注意的是，在应用标准解法的过程中，必须紧紧围绕技术系统的最终理想解，考虑系统的实际限制条件，灵活运用，求得最优化的解决方案。

## 第一节　建立和拆解物 – 场模型——服务场景的设置与再造

第 1 级标准解法的基本出发点是不改变或最少改变系统。本级有 2 个子级，分别是建立物 – 场模型和拆解物 – 场模型，2 个子级下共有 13 种标准解法。具体情况如表 7–2 所示。

**表 7–2　建立和拆解物 – 场模型标准解法表**

| 子级 | 标准解法 | 问题解读 |
|---|---|---|
| S1.1 建立物 – 场模型 | S1.1.1 完善物 – 场模型 | 三要素有缺失的将其补齐 |
| | S1.1.2 内部合成物 – 场模型 | 系统已有元素无法按需改变，在 $S_1$ 或 $S_2$ 内部添加 $S_3$ |
| | S1.1.3 外部合成物 – 场模型 | 系统已有元素无法按需改变，在 $S_1$ 或 $S_2$ 外部添加 $S_3$ |
| | S1.1.4 与环境一起的外部物 – 场模型 | 同 S1.1.2 情况，无法内部引入，可利用环境已有的（超系统）资源实现变化 |

**续　表**

| 子级 | 标准解法 | 问题解读 |
| --- | --- | --- |
| S1.1<br>建立物 – 场<br>模型 | S1.1.5 与环境和添加物一起的物 – 场模型 | 同 S1.1.2 情况，不允许在物质内外部引入添加物时可在环境中引入添加物 |
| | S1.1.6 最小模式 | 如果要求的是作用最小模式，但难以或不能提供，应先使用最大模式，再消除过剩物质或场 |
| | S1.1.7 最大模式 | 当不允许达到最大化作用时，可以用另一种物质 $S_2$ 传递给 $S_1$ |
| | S1.1.8 选择性最大模式 | 系统同时有强弱场，出现强场时要引入物质来保护弱场 |
| S1.2<br>拆解物 – 场<br>模型 | S1.2.1 引入 $S_3$ 消除有害效应 | 系统存在有害作用，又无法限制 $S_1$ 和 $S_2$ 接触，在两者间引入 $S_3$ 以消除有害作用 |
| | S1.2.2 引入改进的 $S_1$ 或（和）$S_2$ 来消除有害效应 | 同 S1.2.1，不允许添加新物质，此时可以改变 $S_1$ 或 $S_2$ 以消除有害作用 |
| | S1.2.3 排除有害作用 | 引入 $S_2$ 来消除场对 $S_1$ 的有害作用 |
| | S1.2.4 用场 $F_2$ 来抵消有害作用 | $S_1$ 和 $S_2$ 必须直接接触，可引入 $F_2$ 抵消有害作用 |
| | S1.2.5 切断磁影响 | 系统部分磁性质产生有害作用，可通过加热使其处于居里点上消除磁性，或者引入相反磁场 |

工会干部在进行工作创新时，应将工会工作视为一个系统，考虑其内部各要素，如职工、工会干部、工会资源等，和外部环

境，如党和国家大政方针、企业政策、社会文化等，之间的相互作用。首先要系统性地识别问题，明确当前工作面临的挑战，理解这些问题背后的物质和场因素。在识别问题的基础上，借鉴物－场模型，将问题抽象为物质和场之间的相互作用，并尝试通过引入新物质或改变场等方式来解决问题。例如，工会可以通过引入新的沟通机制或改变现有的沟通方式，增强企业与职工之间的互信和合作。这些措施包括但不限于：

1. 引入新元素。通过引入新元素（物质或场）来解决现有问题。工会干部可以通过引入新的服务项目、技术手段或合作伙伴等，拓展工会的服务范围，提升服务质量。例如，引入智能化信息平台，让职工能够更便捷地获取工会服务和资讯。

2. 改变现有元素。如果现有元素（物质或场）无法满足需求，可以考虑改变这些元素。在工会工作中，工会干部可以对现有的服务项目、工作流程和合作模式等进行优化和改进。

3. 利用现有资源。工会工作创新充分挖掘和利用现有资源，如职工的技能和特长、企业的资源和支持等，以实现资源的最大化利用。

4. 优化工作流程。通过改变现有元素，优化工作流程。例如，利用数字化手段简化职工入会流程、建立职工意见反馈机制，提高工作效率和服务质量。

### 案例 65：临汾市总工会打造“尧小工”智能机器人

临汾市总工会满足职工所需所想，创新性地推出了“尧小工”

智能机器人项目。

一是融入数智化体系。围绕“1+4+3”新思路，即一个中心、四个平台、三级体系，全面构建数智工会平台新集群。“尧小工”深度融入这一体系，通过智能化手段优化服务流程，提升工作效率。

二是提供全方位服务。一方面，“尧小工”在信息获取、政策宣传、技能培训等方面发挥了重要作用；另一方面，通过心理测评、法律援助等功能，“尧小工”可以在工会政策普及、权益信息解读、业务办理咨询等方面对职工进行全方位、全天候、全覆盖的实时解答。

三是打造全维度应用场景。规划了涵盖职工服务和协同办公在内的六大应用场景，目前已实现会员服务、智能推荐、交互式问答等三类服务内容，为职工提供更加智能、高效、个性化的服务。

作为“数智工会”建设的核心引擎，“尧小工”凭借其卓越的知识增强大语言模型能力，实现了与职工的即时互动，做到精准回答、高效服务，惠及 5115 家工会组织、40 万余名会员，为工会干部快速处理大量数据节省了时间和人力成本，提高了工作效率。数据的挖掘、分析和预测，可以为工会决策提供科学的依据，为职工提供更加精准的服务。

**创新亮点分析：引入工会“数智新兵”**

临汾市总工会推出的“尧小工”智能机器人属于物 – 场模型中引入新元素范畴，展现了以下创新亮点：

一是新元素的融入。“尧小工”作为数智化工会体系的关键一环，引入了先进的智能化技术，如自然语言处理、大数据分析、人工智能等，实现了数智化与工会工作的深度融合，优化了服务流程，提升了工作效率。

二是新元素的应用。“尧小工”不仅提供信息获取、政策宣传、技能培训等传统服务，还创新性地加入了心理测评、法律援助等功能，这种全方位的服务模式满足了职工多样化的需求。通过智能化手段，“尧小工”实现了对职工的全天候服务，实现了工会服务的全覆盖。

三是新元素的拓展。“尧小工”项目规划了涵盖职工服务和协同办公在内的六大应用场景，实现了会员服务、智能推荐、交互式问答等多类服务内容，根据职工的需求和偏好，推荐合适的服务内容和解决方案，提高了服务的精准性和满意度。

## 案例 66：晋中市总工会首创“工”字品牌“劳模港”

晋中市总工会首创“工”字品牌“劳模港”，构建了新时代劳模管理服务新格局，创新性破解劳模管理服务工作中存在的“重评比、轻引导，重服务、轻管理，重人文、轻约束，重奖励、轻鞭策”难题。

“八有、六原则”打造“劳模港”。“八有”即有习近平总书记重要指示、有“劳模港”标识牌、有“劳模港”释义、有工作团队、有交流平台、有活动经费、有相关制度、有活动阵地。“六原则”一是三级共建，市、县工会和企业三方联动；二是有序参与，年龄在 65 周岁以下的劳模均可参加；三是内外结合，以“母港”为中心，辐射周边；四是交叉互动；五是学休并重；六是勤俭节约。

主打“十个一”：一次党的创新理论集中学习、一次劳模健康关爱活动、一次劳模履职现场展示、一场劳模工匠事迹宣讲、一次政企互动、一次异地交流学习、一次劳模论坛、一次工运史回顾展、一次“劳模宣传月”行动、一次职工创新成果展。

截至 2024 年底，八个“劳模港”共举办了 19 次活动，入“港”劳模 958 人，在“劳模港”充电出发，劳模比担当、比素质、比奉献的责任意识明显增强，发展引领力、创新创造力、社会服务力进一步提升。

**创新亮点分析：工作之港、学习之港、创新之港**

晋中市总工会首创的“工”字品牌“劳模港”既是劳模工作之港，又是思想引领之港、学习宣传之港，更是工作创新之港，建立了全新的劳模“服务场”，展现了多方面的创新。

一是理念创新。“劳模港”将劳模管理与服务“双向发力”，身心与思想“双向充电”，实现了管理与服务的有机结合。“劳模港”不仅关注劳模的当前需求，更着眼于劳模精神的持续弘扬和社会影响力的扩大，通过一系列活动，激发劳模的荣誉感和使命感，发挥更大的示范引领作用。

二是机制创新。“劳模港”采用市、县工会和企业三方联动机制，实现了资源的有效整合和共享。通过设定参与条件和活动形式，实现了劳模的有序参与和内外结合。既保证了活动的质量和效果，又扩大了活动的覆盖面和影响力。

三是模式创新。“劳模港”通过构建“八有”体系，集成多种资源和要素，为劳模提供了全方位、多功能的服务平台。通过设计一系列具有针对性和实效性的活动，为劳模提供展示自我、交流互动、提升素质的平台。采用灵活多样的活动形式，增强活动的吸引力和凝聚力。“劳模港”成为晋中市总工会的一张亮丽名片，也为其他地区的劳模管理服务工作提供了有益的借鉴和启示。

### 案例 67：广东省总工会“粤工惠”平台开展积分团购助农活动

广东省总工会充分发挥“粤工惠”平台直接触达 1100 万名实名制工会会员的优势，推出数字化消费帮扶新模式——积分团购助农活动，打造工会版“拼多多”，将流量转化为助农增收和乡村振兴的“加速器”。

一是寻本溯源，严选产品。按照当地推荐，“粤工惠”团队溯源复核的程序，重点选取出规模销售难的优质农产品，通过产地直采、一件代发和积分补贴，搭建农产品从田间地头直达职工会员餐桌的渠道，把利润留给农户，把实惠带给职工。

二是数字赋能，深度帮扶。指导帮助当地农户熟悉电商销售，从宣传策划、包装设计、媒体营销等方面打造品牌，充分挖掘、实现农产品最大价值，同时宣传当地风土人情，提升地域农副产业知名度。将团购反响良好的产品纳入“粤工惠”消费帮扶专区，吸引各级工会集采福利和职工会员长期复购，提高农户扩产增收的信心。

三是示范带动，形成规模。在平台上开发了支持市、县级工会自主开展同类活动的功能，每个县（区）工会发放“全域智慧工会”积分作为引导，形成上下联动的规模效应，成为全省工会消费帮扶的新品牌。

**创新亮点分析：数智时代的“工农联盟”**

广东省总工会充分发挥现有资源“粤工惠”平台触达千万实名制工会会员的优势，推出数字化消费帮扶新模式——积分团购助农活动，打造了数智化时代的“工农联盟”，体现了物 - 场模型标准解法中“利用现有资源，优化工作流程”的思路。

一是平台优势与创新融合。“粤工惠”平台拥有 1100 万名实名制工会会员，这一庞大的用户基础为活动提供了广泛的参与群体和潜在的消费市场。将电商平台的团购模式与工会组织优势相结合，打造工会版的“拼多多”，这种创新融合不仅为职工提供了便捷的购物方式，也为农产品销售开辟了新渠道。

二是产品严选与供应链优化。通过当地推荐与“粤工惠”团队的溯源复核，确保选取的农产品质量上乘，这种严选机制保证了产品的品质和来源的可靠性。采用产地直采、一件代发的模式，减少了农产品的流通环节，降低了成本，同时积分补贴的加入也增加了职工的购买意愿，实现了农户与职工的双赢。

三是数字赋能与品牌打造。利用电商平台的技术优势，指导帮助农户熟悉电商销售流程，通过宣传策划、包装设计、媒体营销等手段，深入挖掘农产品的文化内涵和地域特色，提升农产品的知名度和美誉度。通过发放“全域智慧工会”积分，引导各级工会和职工会员积极参与，形成规模效应，为农户增收提供有力支持。该活动不仅促进了农产品的销售，也为工会服务职工、助力乡村振兴提供了新的思路和方法，实现了农户、职工和工会的多方共赢。

## 第二节　强化完善物 – 场模型
## ——工作资源的整合与协同

强化完善物 – 场模型由直接进行效应不足的物 – 场模型的改善和利用各种效应提升系统性能的方法组成。这一大类的标准解，都是在用不同的方法将“不足的物 – 场模型”转化为“（有效）完整的物 – 场模型”。共有 4 个子级 23 种解法（表 7–3）。

**表 7–3　强化完善物 – 场模型标准解法表**

| 子级 | 标准解法 | 问题解读 |
| --- | --- | --- |
| S2.1 向合成物 – 场模型转化 | S2.1.1 链式物 – 场模型 | 单一的物 – 场模型转化成链式模型 |
| | S2.1.2 双物 – 场模型 | 系统中场 $F_1$ 作用不足，又不能引入新物质，可引入场 $F_2$ 增加场 $F_1$ 作用 |
| S2.2 加强物 – 场模型 | S2.2.1 使用更易控制的场 | 用易控制的场代替或叠加到不易控制的场上 |
| | S2.2.2 物质 $S_2$ 的分裂 | 提高具有工具功能物质的分散（分裂）度 |
| | S2.2.3 使用毛细管和多孔的物质 | 在物质中增加空穴或毛细结构 |
| | S2.2.4 动态性 | 原系统具有刚性、永久性和非弹性元件，尝试使系统具有柔韧性、适应性和动态性 |

**续 表**

| 子级 | 标准解法 | 问题解读 |
| --- | --- | --- |
| S2.2<br>加强物 – 场模型 | S2.2.5 构造场 | 用动态场替代静态场 |
| | S2.2.6 构造物质 | 将均匀的物质空间结构变成不均匀的物质空间结构 |
| S2.3<br>通过匹配节奏加强物 – 场模型 | S2.3.1 匹配 F、$S_1$、$S_2$ 的节奏 | 将场 F 的频率与物质 $S_1$ 或 $S_2$ 的频率相协调 |
| | S2.3.2 匹配场 $F_1$ 和 $F_2$ 的节奏 | 让场 $F_1$ 和 $F_2$ 的频率相互协调和匹配 |
| | S2.3.3 匹配矛盾或预先独立的动作 | 两个独立的动作，可以让一个动作在另一个动作停止的间歇完成 |
| S2.4<br>铁 – 场模型（合成加强物 – 场模型） | S2.4.1 预 – 铁 – 场模型 | 在物 – 场模型中加入铁磁物质和磁场 |
| | S2.4.2 铁 – 场模型 | S2.2.1 与 S2.4.1 结合在一起 |
| | S2.4.3 磁性液体 | 运用磁流体（磁性颗粒的煤油、硅树脂等） |
| | S2.4.4 在铁 – 场模型中应用毛细管结构 | 应用包含铁磁材料或铁磁液体的毛细管结构 |
| | S2.4.5 合成铁 – 场模型 | 若原模型禁止使用铁磁物质替代原物质，可以将铁磁物质添加到某种物质的内部 |
| | S2.4.6 与环境一起的铁 – 场模型 | 在 S2.4.5 基础上，若物质内部不允许添加铁磁物质，可将其引入环境中来改变环境参数 |
| | S2.4.7 应用自然现象和效应 | 用某些自然现象和效应加强模型可控性 |

续 表

| 子级 | 标准解法 | 问题解读 |
| --- | --- | --- |
| S2.4<br>铁－场模型（合成加强物－场模型） | S2.4.8 动态性 | 应用动态的、可变的（或自动调节）磁场 |
| | S2.4.9 构造场 | 用结构化的磁场更好地控制或移动铁磁物质颗粒 |
| | S2.4.10 在铁－场模型中匹配节奏 | 在宏观系统中，利用机械振动来加速铁磁颗粒的运动；在分子或者原子级别，通过改变磁场的频率，利用测量对磁场发生相应的电子共振频率频谱来测定物质的组成 |
| | S2.4.11 电－场模型 | 应用电流产生磁场，而不是应用磁性物质 |
| | S2.4.12 流变学的液体 | 通过电场可以控制流变体的黏度 |

在应用中，首先需要明确技术系统当前的物－场模型，并明确当前模型中存在的不足或问题。根据识别出的物－场模型问题，从标准解法中选择一个或多个适当的解法。例如，如果当前系统是单一的物－场模型，且效果不足，可以考虑通过串联或并联的方式增加新的物质和场，形成更复杂的物－场模型；如果当前系统的可控性较差，可以考虑引入更多的可控场来替代或增强原有的场。

物－场模型第二级标准解通过构建新的物－场模型增强系统效能，尽管其中的“磁流体”“铁磁场”等概念与工会无关，但是其核心理念可系统应用于工会工作。该模型实施的关键在于精准识别系统要素缺口，针对性引入匹配性新要素，并通过要素重组产生协同效应，持续整合政策、技术、社会等多元资源池，实现工会服务能力的迭代升级。

例如，在保护职工合法权益场景中，在将职工（$S_1$）与工会（$S_2$）通过法律法规（$F_1$）连接的基础上，引入法律援助、集体协商等新的维权手段（$F_2$），形成“职工—新维权机制—工会”的强化作用场，可以有效提升权益保障能力；针对职工发展支持需求，在原有培训资源（$S_2$）通过培训过程（F）作用于职工（$S_1$）的基础上，通过整合线上线下资源（$S_3$）并新增职业规划指导（$F_2$），构建“职工—混合培训模式—优化资源”的成长促进场，提升培训的满意度和精准度；在深化智慧工会建设方面，将工会视为整体系统时，通过引入数字化管理（$F_2$）和现代科技工具（$S_3$），形成“工会—智能技术—数据资源”的创新驱动场，推动工会数智化转型。

### 案例 68：黑龙江省总工会利用大数据精准服务职工

黑龙江省总工会加快数智化建设步伐，强化数智化思维，依托全国总工会“职工之家”APP 和黑龙江数字政府等公共平台，充分发挥大数据作用，赋能基层工会，精准服务职工。

一是加强数智化建设，赋能工会服务阵地。打造全省工会三级互联、智能办公、网聚服务、宣传矩阵相统一的“触网入云”体系，无缝对接 20 个 24 小时服务智能驿站，智能分析 3 万余条职工使用数据，实现工会服务地图精准推荐最近驿站方位。

二是立足黑龙江特色，对接全国“职工之家”。创建黑龙江特色职工服务板块，创建黑龙江省智慧工会新闻资讯、劳模工匠、劳动竞赛、困难帮扶、工桥通业、职工书屋等六个特色服务应用场景，率先完成互联网安全协议传输的策略搭建，实现与全国工会数据标准的统一衔接。

三是融入数字政府，赋能工会精准服务。在黑龙江省政务数据平台构建全省工会组织和会员数据统一认证接口，共享全省工会数据 300 万余条，线上会员认证 5 万余次，赋能七台河市总工会“智慧七工”等基层工会服务程序，为 2000 余名单身职工自动匹配交友信息，助力职工普惠服务 7 万余次，有效提升工会业务数据利用率，更加精准服务全省职工。

**创新亮点分析：数智赋能，强化工会“服务场”**

黑龙江省总工会积极拥抱数字化、智能化趋势，将数智化思维贯穿于工会工作的全过程，提升了工会服务职工的效率，推动了工会工作的现代化转型。

一是强化数智思维，构建智能服务体系。依托全国总工会“职工之家”APP 和黑龙江数字政府等公共平台，构建了全省工会三级互联、智能办公的体系，实现了数据资源的共享与互通，上下级工会之间可以无缝对接、高效协同，提高了工会工作效率。通过网聚服务，将各类工会服务资源集聚云端，方便职工随时随地获取服务；通过构建宣传矩阵，增强工会工作的传播力和影响力。

二是创建特色应用场景，实现工会精准服务。结合黑龙江省实际情况，创建了具有地方特色的职工服务板块，涵盖新闻资讯、劳模工匠、劳动竞赛等多个方面，满足职工多样化的需求。在黑龙江省政务数据平台构建全省工会组织和会员数据统一认证接口，实现了数据的统一管理和高效利用。利用这一系统为会员提供精准服务，展现了数据驱动下的精准服务能力和效果。

三是赋能基层工会，提升全方位服务水平。通过数智化建设，赋能七台河市总工会等基层工会服务程序，提升了基层工会的服务能力和水平，体现了工会工作的整体性和协同性。通过赋能基层工会，黑龙江省总工会实现了上下级工会之间的有效联动和资源共享，提升了工会服务职工的总能力和总水平。

### 案例 69：北京市实行“新八级工”制度，打通深化产改“最后一公里”

北京市实行“新八级工”职业技能等级制度，将打通制度落实“最后一公里”作为深化产改的重要抓手，实施三大举措，引导企业建立健全体现技能价值导向的薪酬分配制度，让高技能人才“兜里更鼓、心里更亮”。

一是强化顶层设计。北京市人社局、市总工会等部门联合发布《关于做好技能人才薪酬激励相关工作的意见（试行）》，在全市范围内重点推进“新八级工”岗位绩效工资制度。

二是强化薪酬待遇。鼓励企业落实制度，首钢制定实施《首钢工匠评选管理办法》，对首钢工匠一次性奖励 10 万元，每月增加 1 万元补贴；北京地铁公司出台管理规定，给予专家和工匠富有竞争力的薪酬待遇。

三是强化贯通发展。支持企业建立技能人才培养评价与待遇相结合的激励机制，打破技能人才成长“天花板”。北京建工集团开展建工英才评选活动，设立高技能人才奖项。

截至2024年底，北京市已有13家企业、81个职业完成特级技师和首席技师的评聘备案，评选产生30名特级技师。2023年，通过在职职工职业发展助推计划，1万余名职工取得高级工、技师、高级技师等职业资格。

**创新亮点分析：完善机制，深化产改**

北京市实行的“新八级工”职业技能等级制度及其配套举措，是有益的制度创新。它构建了一个强化的“技能—薪酬”物－场模型，提升了技能人才的待遇和地位，促进了技能人才队伍的壮大和发展，对于深化产业工人队伍建设改革具有重要示范意义。

一是强化顶层设计，构建制度框架。北京市人社局、市总工会等部门联合发布《关于做好技能人才薪酬激励相关工作的意见（试行）》，通过顶层设计，在制度层面为“新八级工”岗位绩效工资制提供了明确指导和支持。

二是强化薪酬待遇，激发技能活力。鼓励企业落实制度，通过具体的薪酬激励措施，有效激发了技能人才的积极性和创造力。

三是强化贯通发展，打破成长壁垒。支持企业建立技能人才培养评价与待遇相结合的激励机制，为技能人才提供了更广阔的发展空间。通过贯通发展机制，打破技能人才成长的“天花板”，为技能人才提供了更多的晋升机会和更全面的发展路径。

## 案例70：路歌工会发挥数智优势助力货车司机智能入会

路歌工会充分发挥头部平台技术精、用户黏性高、触达能力强的优势，加强与省级工会的工作协同，最大限度吸引平台货车司机加入工会。

一是摸清货车司机底数。全面摸排平台货车司机底数，按车牌登记地分类对接各省级工会进行入会信息比对，为各地工会开展入会工作提供数据支持。

二是定制入会服务礼包。根据各省级工会入会目标和服务内容，路歌平台以“服务先行、促进入会”为原则，制定贴合平台司机实际需求的服务内容，以特色服务内容提升货车司机入会吸引力。

三是构建线上入会推广渠道。以平台大数据资源为基础，结合各省级工会实际，精准制定适合货车司机话语体系的入会宣传引流方案，整合形成新媒体宣传矩阵，建立需求反馈机制，高效引导货车司机入会。

2021年以来，路歌平台在各级工会的大力指导和支持下，助推安徽货车司机入会近8万人，辐射带动广东、湖北、黑龙江、河南等4省货车司机24万人入会。

**创新亮点分析：平台引流，数据驱动**

路歌是一家国内领先的全链路数字货运服务商，目前已形成“全链路数字货运+货车司机职业社区+车后服务”的业务布局，其中“卡友地带”是国内具有较大影响力的货车司机社区。路歌工会在推动货车司机入会工作中，充分发挥企业数字化优势，通过数据驱动、定制化服务、线上推广、协同合作以及示范引领等方式，将长期以来有效性不足的货车司机入会场景打造为强有力的司机“入会—服务”模型，增强了工会组织的吸引力和凝聚力，为货车司机群体提供了更加全面、精准的服务。

一是数据驱动，精准对接。路歌工会利用平台技术优势，全面摸排平台货车司机底数，实现了对货车司机群体的精准识别。通过按车牌登记地分类对接各省级工会进行入会信息比对，为各级工会提供了翔实的数据支持。

二是定制化服务，满足实际需求。路歌平台根据各省级工会的入会目标和服务礼包内容，以“服务先行、促进入会”为原则，定制了贴合平台司机实际需求的服务内容，增强了货车司机入会的吸引力。

三是线上推广，拓宽渠道。路歌工会构建了线上入会推广渠道，利用平台大数据资源，结合各省级工会的实际情况，精准制定适合货车司机话语体系的入会宣传引流方案。通过整合新媒体宣传矩阵，建立需求反馈机制，实现了对货车司机的高效引导和精准触达。

四是协同合作，形成合力。路歌工会不断加强与省级工会的工作协同，通过共享资源、共同策划活动等方式，形成了推动货车司机入会的强大合力。这种协同合作不仅提高了工作效率，还扩大了工会组织的覆盖面和影响力。

# 第三节　向超系统或微观级转化
# ——服务层级的拓展与覆盖

向超系统或微观级转化旨在通过改变系统的层级或尺度来寻找新的解决方案。此级有 2 个子级共 6 种解法（表 7–4）。

**表 7–4　向超系统或微观级转化标准解法表**

| 子级 | 标准解法 | 问题解读 |
| --- | --- | --- |
| S3.1<br>向双系统和多系统转化 | S3.1.1 系统转化 1a：创建双、多系统 | 将多个技术系统并入一个超系统 |
| | S3.1.2 加强双、多系统内的连接 | 改变双系统或多系统之间的连接 |
| | S3.1.3 系统转化 1b：加大元素间的差异 | 双、多系统可通过加大元素间的差异来获得 |
| | S3.1.4 双、多系统的简化 | 已进化的双、多系统再次简化成单一系统 |
| | S3.1.5 系统转化 1c：系统整体或部分的相反特征 | 部分或整体表现相反的特征或功能 |
| S3.2<br>向微观级转化 | S3.2.1 系统转化 2：向微观级转化 | 引入“聪明物质”来实现系统向微观级别跃进 |

向超系统转化是将问题系统纳入一个更大的系统中进行考虑，利用超系统的资源和功能解决问题。这里的“超系统”指的是包含被分析工程系统（技术系统）的系统。向微观级转化是将问题系统的尺度缩小到微观级别，利用微观世界的独特性质来寻找解

决方案。

向超系统或微观级转化的思维对工会工作具有一定的启示。

向超系统转化强调突破系统内部视野局限，将工会工作置于社会系统全局中来审视。通过联结企业、政府、社区、非政府组织等外部资源，构建多方参与的工会“生态系统”。这种跨界合作既能引入政策、资金、技术等支持要素，又能通过资源整合形成协同治理网络。例如，工会可以通过联合企业开展劳动技能竞赛、与政府共建职工服务驿站、与社区联动组织文化活动，实现服务效能的乘数效应。

向微观级转化聚焦服务颗粒度的精细化，要求工会工作深入职工具体生活场景，建立需求分层模型。例如，对新生代职工利用“互联网 +”平台进行服务，对大龄职工强化职业转型支持，对女职工加强权益保护网络建设。通过会员画像建模、服务流程再造等数字化手段，实现从“普惠服务”到“精准滴灌”的转型。

这种双向转化思维本质是构建“宏观格局”与“微观精度”的动态平衡。通过超系统转化拓展资源边界，通过微观转化深化服务内涵，形成“资源整合—需求响应—价值创造”的服务闭环，推动工会工作从被动应对向主动创新升级。

**案例 71：中国机械冶金建材工会成立全国钢铁行业工匠学院联盟**

**中国机械冶金建材工会充分发挥工匠学院在推动行业发展新质生产力、培养高技能人才中的作用，组织宝武、鞍钢、河钢、首钢、山钢、柳钢、南钢、沙钢等企业所属工匠学院成立全国钢**

铁行业工匠学院联盟并充分发挥作用。

一是以联盟为抓手，着力培养行业紧缺人才。聚焦推动发展新质生产力的要求，瞄准技术变革和产业优化升级的方向，引导联盟成员积极开展人工智能、大数据等新兴领域和前沿技术体系化培训，着力打造特色工种品牌，努力培育“智能+技能”的复合型人才。

二是以联盟为引领，推进行业工匠学院体系建设。发挥联盟成员的示范带动作用，推动工匠学院与各类已有培训资源整合，积极探索建设网上工匠学院，搭建工匠人才培养、评价、服务、发展平台，促进教育链、人才链与产业链、创新链有效衔接，真正发挥工会“大学校”作用。

三是以联盟为载体，实现行业企业的协同发展。行业性工匠学院在培育目标、培训资源等方面具有高度的相似性，通过联盟探索培训场地、师资、线上培训课程等的共享，互派学员研学交流，特殊工种职业资格认定取证等服务，实现资源整合、优势互补、合作共赢。

**创新亮点分析：工匠学院向“超系统”迈进**

从物–场分析解法中“向超系统进化”的角度来看，中国机械冶金建材工会组织的全国钢铁行业工匠学院联盟，通过超系统的整合引领，实现了行业内部资源的优化配置、技术创新的推动、优势互补以及教育链与产业链的深度融合。

一是超系统整合，构建行业人才生态圈。成立全国钢铁行业工匠学院联盟，将宝武、鞍钢、河钢等多家大型钢铁企业的工匠学院整合为一个超系统。联盟成员协同合作，形成了一个涵盖人才培养、评价、服务、发展等的全方位行业人才生态系统，为钢铁行业的高技能人才培养提供了强有力的支撑。

二是超系统引领，打造技术创新升级版。联盟以推动行业发展新质生产力为目标，瞄准技术变革和产业优化升级的方向，组织成员开展新兴领域和前沿技术的体系化创新创造。这种超系统的引领，不仅促进了钢铁行业内部的技术创新与进步，还推动了整个产业链的升级转型。通过培养“智能 + 技能”的复合型人才，联盟为钢铁行业的智能化、数字化发展奠定了坚实的人才基础。

三是超系统服务，实现资源共享与优势互补。联盟作为工匠学院的集合体，发挥超系统的服务优势，实现优势互补和资源利用的最大化。联盟不仅关注当前的人才培训需求，还着眼于未来的行业发展，积极探索建设网上工匠学院，搭建工匠人才培养、评价、服务、发展平台，促进教育链、人才链与产业链、创新链的有效衔接，不仅为钢铁行业提供了持续的人才供给和智力支持，还推动了教育与产业的深度融合与协同发展。

## 案例 72：定西市总工会激活“微阵地”，将职工“生活圈”变为工会“服务圈”

定西市总工会同步推进基层工会组织体系完善和数智化应用拓展，持续赋能“小三级”工会，让职工随时随地找到工会组织、就近参与工会活动、享受工会服务，努力打通工会联系服务职工“最后一公里”。

一是打造“微阵地”，解锁服务新职能。拓展数智化工具应用场景，搭建线上线下互动融合的服务职工新体系。在各类“小三级”工会组织建成职工书屋、爱心食堂、健身广场、爱心托管园、职工讲堂、共享工具间、健康小屋、职工议事站等“微阵地”108家，累计服务职工9万人次。

二是建立“微平台”，探索服务新维度。发挥区县总工会“桥头堡”作用，推进“会、站、家”一体化建设，实现乡镇（街道）有工会办公室，村（社区）有工会窗口，居民小区有工会微站点，所有工会服务站点全部上网上图，基本实现服务站点15分钟服务圈交叉覆盖，将职工“生活圈”变为基层工会“服务圈”。

三是聚焦“微创新”，增强服务新效能。一方面，将爱心驿站、职工书屋、母婴室等“工元素”融入村（社区）党群政服务中心、卫生服务站等；另一方面，通过微信、QQ群等社交媒体“网聚”职工，支持村、社区工会统一工会标识，开发“小、优、全”工会综合服务，及时提供就业服务、维权咨询、互助保险、便捷服务等工会“微礼包”，建立全方位、一体化、一条龙式服务的“职工之家”。

**创新亮点分析：服务无“微”不至**

定西市总工会通过构建“微阵地”、搭建“微平台”、聚焦“微创新”整合了“微系统”，实现了工会服务的精准触达、维度拓宽、效能增强和生态构建，为职工提供了更加便捷、高效和全面的服务。

一是构建“微阵地”，服务精准触达。通过打造“微阵地”，如职工书屋、爱心食堂、健身广场等，将工会服务精准地触达职工身边。这些“微阵地”不仅满足了职工多样化的需求，还通过数智化应用实现了网上网下的互动融合，让工会服务更加贴近职工，增强了服务的实效性。

二是搭建“微平台”，服务维度拓宽。通过建立“微平台”，实现了工会服务的全方位覆盖。利用区县总工会“桥头堡”的作用，推进“会、站、家”一体化建设，使得工会服务站点在乡镇（街道）、村（社区）、居民小区等各个层面都有布局。同时，所有服务站点都上网上图，形成了 15 分钟服务圈交叉覆盖，将职工“生活圈”转化为基层工会的“服务圈”，拓宽了工会服务的维度。

三是聚焦“微创新”，服务效能增强。在服务创新上聚焦“微”字，通过融入“工元素”和“网聚”职工等方式，增强了服务效能。将爱心驿站、职工书屋等工会服务设施融入村（社区）党群政服务中心等公共场所，突破了场地限制；同时，利用微信、QQ 群等社交媒体将职工聚集起来，提供就业服务、维权咨询等工会“微礼包”。这种创新方式使工会服务更加灵活多样，提高了服务的满意度。

通过上述资源和服务的整合，定西市总工会构建了全方位的工会服务生态。以职工为中心，以数智化为支撑，实现了工会服务的全方位推进、一体化覆盖，为职工提供了更加便捷、高效和全面的服务。

## 案例 73：无为市总工会巧用“三微”平台传播“工言工语”

无为市总工会以“讲好工会故事、办好工会活动、育好职工队伍”为主题，创新“工”字号微宣传，增强“工言工语”吸引力。

一是打造“微课堂”，加强工会政策宣传。借助“智慧无为”微信公众号，创建微课堂栏目。课程“小而精”，每月一个专题，围绕职工关切问题，注重工会政策讲解等“小切口”，把职工“大学习”搬到网络。2024 年以来，共进行工会驿站宣传、困难职工帮扶政策讲解 12 次，阅读量最高达 5000 人次。

二是打造“微舞台”，用活理论宣讲。整合文化系统的周末剧场、书房等文化载体，打造 5 个职工“微舞台”。同时加入劳模宣讲、读书分享、红色演出等元素，变理论灌输为事迹感染，提高党的理论宣传的生动性。无为市总工会联合市文化馆创作红色歌舞剧《大军从此过江东》，巡回演出多次，职工反响热烈。

三是打造“微团队”，活跃职工文化。梳理全市各单位职工在演唱、歌舞、健身等领域的人才，结合宝晋书斋、拾月瑜伽、九拍音乐等社会组织，建立职工文艺人才数据库。按照就近原则，建立微型职工文艺服务队 97 个，积极开展职工“订单式”文化服务。

2024 年以来，全市职工“微课堂”讲座 8 次，“微舞台”演出 15 场，“微团队”培训、演出等活动 110 场，涉及职工超 7800 人次，架起了职工和工会的“连心桥”。

**创新亮点分析：“微阵地”发挥大作用**

无为市总工会通过打造“微课堂”“微舞台”和“微团队”，实现了工会政策宣传的精准化和高效化、文化载体与理论宣讲的融合、职工文化的激活与传承。

一是“微课堂”实现精准定位与高效传播。无为市总工会通过打造“微课堂”，将工会政策宣传精准定位到职工关切的“小切口”，实现了政策宣传的精准化和高效化。利用“智慧无为”公众号这一微平台，将职工“大学习”搬到网络上，既方便了职工学习，又提高了政策的传播效率和影响力。

二是“微舞台”实现文化载体与理论宣讲的融合。通过整合周末剧场、书房等文化载体，在微舞台上加入劳模宣讲、读书分享、红色演出等元素，变理论灌输为事迹感染，使理论宣传更加生动，更易于被职工接受。这种创新方式不仅丰富了职工的文化生活，还提高了理论宣传的效果。

三是“微团队”承载职工文化的激活与传承。通过建立职工文艺人才数据库和微型职工文艺服务队，激活职工的文化活力，促进职工文化的传承和发展。通过“订单式”文化服务，满足职工多样化需求。

无为市总工会将“微课堂”“微舞台”和“微团队”三个微系统有机整合，构建了全方位的职工服务网络。这个网络以职工为中心、以微平台为载体，实现了工会政策宣传、文化活动和职工队伍建设的有机融合。

# 第四节　检测和测量方法
# ——考核评价与督查问效

检测和测量方法专注于解决测量和探测的专项问题，此级有 5 个子级，共 17 种标准解法，包括利用间接方法、建立测量物 – 场模型、加强测量物 – 场模型、向铁 – 场模型转换以及测量系统的进化方向等（表 7–5）。这些方法旨在通过不同的策略和技术手段，实现对系统内部或外部参数的准确测量和检测。

表 7–5　检测和测量方法标准解法表

| 子　级 | 标准解法 | 问题解读 |
| --- | --- | --- |
| S4.1<br>间接方法 | S4.1.1 以系统的变化代替检测或测量 | 改变系统，使需要测量的系统变得不再需要测量 |
| | S4.1.2 应用拷贝 | 用原物体的复制品和图片替代操作对象 |
| | S4.1.3 测量当作二次连续检测 | 应用两次间断测量替代连续测量 |
| S4.2<br>建立测量物 – 场模型 | S4.2.1 测量物 – 场模型 | 完善基本物 – 场模型或双物 – 场模型结构求解 |
| | S422 合成测量物 – 场模型 | 测量引入的附加物 |
| | S4.2.3 与环境一起的测量物 – 场模型 | 不能引入添加物，可以在外部环境加入物质，对其进行测量 |
| | S4.2.4 从环境中获得添加物 | 将环境中物质进行降解或转换成其他状态，检验转换后物质的变化 |

续 表

| 子 级 | 标准解法 | 问题解读 |
| --- | --- | --- |
| S4.3<br>加强测量物－场模型 | S4.3.1 应用物理效应和现象 | 检测的有效性通过物理效应加强 |
| | S4.3.2 应用样本的谐振 | 产生与系统整体或部分谐振的问题 |
| | S4.3.3 应用加入物体的谐振 | 可以通过与系统相连的物体或环境的自由振动，获得系统变化的信息 |
| S4.4<br>向铁－场模型转化 | S4.4.1 测量预－铁－场模型 | 增加铁磁物质或利用磁场 |
| | S4.4.2 测量铁－场模型 | 加入铁磁颗粒，检测磁场 |
| | S4.4.3 合成测量铁－场模型 | 将铁磁物质添加到系统已有的物质中 |
| | S4.4.4 与环境一起测量的铁－场模型 | 在环境中引入铁磁物质 |
| | S4.4.5 应用物理效应和现象 | 测量与磁性相关的自然现象 |
| S4.5<br>测量系统的进化方向 | S4.5.1 向双系统和多系统转化 | 一个测量系统不具有高的效率，应用两个或更多的测量系统 |
| | S4.5.2 进化方向 | 不直接测量，而是在时间或者空间上，测量待测物体的第一级或者第二级的衍生物 |

检测和测量技术手段与工会工作没有直接关联，但是其方法和理念可以系统性赋能工会工作，为工会工作的科学决策提供有力支持。例如，传统的职工满意度调查可能存在回复率低、数据

不真实等问题。运用检测和测量的标准解法，可以设计多维度的职工满意度评估体系，结合在线调查、面对面访谈、匿名反馈等多种方式，采用科学严谨的方法收集数据。运用数据分析技术对收集的数据进行深入挖掘，找出关键因素，进一步改进工作。又如，通过建立劳动关系模型，定期监测劳动关系状况，通过监测员工流失率、投诉率、劳动争议数量等指标，结合大数据和人工智能技术，对预警信号进行智能分析，及时预判劳动关系发展趋势，预测可能的劳动纠纷，提前干预，及时化解潜在的劳动纠纷。

**案例74：黑龙江省总工会运用考核评价机制推动监督工作走深走实**

黑龙江省总工会健全完善考核评价机制，锚定目标、精心实施，扎实推动工会劳动法律监督工作走深走实。

一是纳入考核评价，高位推动工作。协调省人社厅，将工会劳动法律监督纳入黑龙江省优化营商环境考评工作，形成党政支持、各方配合、工会运作、基层参与的工作格局，为全面推行"一函两书"工作提供了有力保障，提升了工会助力优化营商环境的知名度和贡献率。

二是细化任务指标，确保工作落实。实施工会劳动法律监督提示函和意见书等制度，统筹工会劳动法律监督委员会等资源力量，推动健全劳动者申诉渠道，引导用人单位和劳动者依法用工维权，细化预期成果和考核标准，确保基层在贯彻落实时有抓手、有标准、见实效。

三是注重结果运用，促进整改争先。公开考评结果，通过正向激励与反向约束，扎实推动工会劳动法律监督工作走深走实。截至目前，全省县级以上总工会劳动法律监督组织覆盖率达 100%，基层工会劳动法律监督组织建制率达 43.03%。六个市（地）工会与检察院、法院、人社局等部门建立监督协作机制，共同发出“一函两书”1796 份。

**创新亮点分析：科学考评，提升效能**

在工会劳动法律监督工作方面，黑龙江省总工会通过纳入考核评价、细化任务指标、注重结果运用、构建多方协作机制以及创新监督方式等，创新运用 TRIZ 中的测量手段，推动了工作创新发展。

一是高位推动机制。将工会劳动法律监督工作纳入省劳动力专班的工作任务，融入黑龙江省优化营商环境考评工作体系。这一举措不仅提升了工会劳动法律监督工作的地位，还形成了党政支持、各方配合、工会运作、基层参与的工作格局。这种高位推动机制，为工会劳动法律监督工作的深入开展提供了强有力的政治和组织保障。

二是细化任务体系。黑龙江省总工会提出“通过工会劳动法律监督提示函和意见书等制度，推动健全劳动者申诉渠道，引导用人单位和劳动者依法用工维权”的任务目标，并进一步细化考核标准，使基层工会在贯彻落实时有明确的抓手。通过公开考评结果，正向激励与反向约束相结合，推动各地工会劳动法律监督工作走深走实。

三是增强监督合力。黑龙江省总工会构建多方协作机制，积极与检察院、法院、人社局等部门联动，不仅增强了工会劳动法律监督工作的力度，还促进了各部门之间的信息共享，形成强大的监督合力。这些创新举措推动了工会劳动法律监督工作的深入开展，为优化营商环境、维护劳动者合法权益作出了积极贡献。

## 案例 75：镇江市总工会“监督预核查”机制放大“一函两书”监督实效

《工会法》《劳动合同法》明确规定，用人单位在单方解除劳动合同前，要履行通知工会程序，征求工会意见。为做好这项“送上门”的监督工作，填补制度空白，将法律赋予工会的监督职责落到实处，2024 年 7 月，镇江市总工会牵头市法院、检察院、人社局联合下发《工会监督预核查用人单位单方解除劳动合同工作指引（试行）》，规范建立对用人单位单方解除劳动合同行为的监督与核查工作机制，通过引入“一函两书”，预防化解因用人单位单方解除劳动合同引发的劳动争议。

一是明确工作主体。由各级工会劳动法律监督组织承担对用人单位单方解除劳动合同工作的监督与核查工作。二是明确监督范围。针对九大类用人单位单方解除劳动合同的情形，分别设置监督预核查的实施重点。三是明确操作流程。根据不同情形设置书面预核查、全面预核查两种监督形式，要求用人单位向工会报送必要材料，配合工会开展监督预核查工作。四是用好“一函两书”。发现用人单位在单方解除劳动合同过程中存在侵害劳动者合法权益情况的，准确适用“一函两书”预防化解争议纠纷。五是强化工作联动。引入“工会 + 检察院”联动监督协作机制，共同维护劳动者合法权益。

**创新亮点分析：预先介入，定分止争**

镇江市总工会牵头下发《工会监督预核查用人单位单方解除劳动合同工作指引（试行）》（以下简称《工作指引》），通过设置监督预核查机制，为落实法律赋予工会的监督职责、预防化解劳动争议提供了新思路和新路径，也为劳动者权益的保护提供了有力保障。

《工作指引》的出台，填补了工会监督用人单位单方解除劳动合同行为的制度空白，为工会履行监督职责提供了明确的操作指南。《工作指引》明确规定了各级工会劳动法律监督组织作为监督与核查工作的主体，针对九大类用人单位单方解除劳动合同的情形设置监督预核查的实施重点，使监督工作更加精准和有针对性。

《工作指引》根据不同情形设置了书面预核查、全面预核查两种监督形式，并详细规定了用人单位向工会报送的必要材料，以及工会开展监督预核查工作的具体步骤。这种规范化的操作流程，既保证了监督工作的有效性，也提高了工作效率。《工作指引》强调在发现用人单位存在侵害劳动者合法权益情况时，准确适用“一函两书”来预防化解争议纠纷，不仅增强了工会的监督力度，也为劳动者提供了及时有效的保护。

《工作指引》引入“工会 + 检察院”联动监督协作机制，实现了工会与司法机关的紧密合作，增强了监督工作的合力，为劳动者提供了更加全面和多层次的保护。《工作指引》不仅强调了监督的重要性，还注重预防与化解劳动争议，通过“一函两书”制度的实施，既可以在事前预防用人单位的违法行为，也可以在事后及时化解因单方解除劳动合同引发的争议纠纷，从而维护劳动关系的和谐稳定。

### 案例 76：山东省总工会应用人工智能实时监测工会驿站运行状况

山东省总工会基于“服务化、体系化、品牌化、创新化、数智化”思路，运用人工智能、物联网、云计算等技术，建立省、市、县分级管理的 24 小时全天候智能化工会驿站管理体系。

一是部署智能化设备。安装智能化门禁及智能摄像监控设备，运用人脸识别、图像识别、射频识别等技术，实现人脸识别、扫描“齐鲁工惠”App 会员二维码、刷身份证等多种入站方式，既安全又便捷。

二是搭建智能化模型。基于人工智能深度学习及大数据分析技术，构建分类统计模型，通过对各类人群的服装建模，对人群进行智能分类，精准服务外卖骑手、快递小哥、环卫工人等群体。构建异常行为识别模型，实时监测分析人员倒地不起、打架斗殴、聚集踩踏、火灾火情等异常情形，第一时间发出短信告警。站长或其他有权限人员可通过 App 实时查看站内情况及 7 天内影音信息，通过语音对讲提醒站内人员。

三是建设智能化系统。驿站信息中心实时统计分析驿站运行数据，配备大屏展示系统、中控系统等设备，实现驿站信息、智能门禁、视频监控、驿站活动等智能管理。职工群众通过“齐鲁工惠”App 扫码评价站内服务，推动提升驿站服务能力。

**创新亮点分析：监测在网上，服务在心上**

山东省总工会建立的 24 小时全天候智能化工会驿站管理体系，在技术创新、精准服务、安全管理、数据管理、用户参与和服务覆盖等方面展现出了显著的创新亮点，有效提升了工会驿站的服务水平和管理效率。

一是技术融合与创新应用。该体系融合了人工智能、物联网、云计算等前沿技术，实现了工会驿站的智能化管理。这种技术融合不仅提升了驿站的管理效率，还为职工群众提供了更加便捷、安全的服务体验。特别是通过人脸识别、图像识别、射频识别等多种技术的综合应用，实现了入站方式的多元化，既保证了安全性，又提高了便捷性。

二是精准服务与目标群体定位。通过构建客流分类统计模型，对各类人群的服装进行建模，实现对人群的智能分类，特别针对外卖骑手、快递小哥、环卫工人等特定群体提供精准服务。这种精准化的服务策略，体现了工会驿站对职工群众需求的深入理解和积极响应。

三是智能监控与异常预警。体系内搭建的异常行为识别模型，能够实时监测分析站内人员的异常，第一时间向站长发出短信告警。这种智能监控和异常预警机制，有效提升了驿站的安全管理水平，为职工群众提供了更加安全的环境。

四是数据驱动与智能管理。驿站信息中心实时统计分析驿站运行数据，并通过大屏展示系统、中控系统等设备实现智能管理。这种数据驱动的管理方式，使驿站的管理更加科学、高效。同时，职工群众通过“齐鲁工惠”App 扫码评价站内服务，推动了驿站服务水平的持续提升。

## 第五节　简化与改善策略 ——转变作风与优化流程

简化与改善策略专注于对系统的简化和改善，通过改变现有物质或场的存在和作用方式，达到简化或改善系统的目的。这一级有 5 个子级共 17 种解法（表 7–6）。

表 7–6　简化与改善策略标准解法表

| 子级 | 标准解法 | 问题解读 |
|---|---|---|
| S5.1 引入物质 | S5.1.1 间接方法 | 使用多种间接方法 |
| | S5.1.2 分裂物质 | 将物质分割为更小的组成部分 |
| | S5.1.3 物质的“自消失” | 添加物使用完毕后自动消失 |
| | S5.1.4 大量引入物质 | 加入物质 |
| S5.2 引入场 | S5.2.1 可用场的综合使用 | 应用已有的一种场产生另一种场 |
| | S5.2.2 从环境中引入场 | 应用环境中存在的场 |
| | S5.2.3 利用物质可能创造的场 | 使用能产生场的物质 |
| S5.3 相变 | S5.3.1 变换状态 | 改变物质相态 |
| | S5.3.2 动态化相态 | 物质从一种相态转换到另一种相态 |

续 表

| 子级 | 标准解法 | 问题解读 |
| --- | --- | --- |
| S5.3<br>相变 | S5.3.3 利用伴随的现象 | 利用相变过程中伴随的现象 |
| | S5.3.4 向双相态转化 | 双相态代替单一相态 |
| | S5.3.5 相态间作用 | 利用相态间的相互作用 |
| S5.4<br>应用物理效应和现象的特性 | S5.4.1 自我控制的转化 | 如果物体必须周期性地在不同的物理状态中调节和转换，这种转化可以通过物体本身可逆的物理转化来实现 |
| | S5.4.2 放大输出场 | 如果要求弱感应下的强作用，物质转换器需接近临界状态，放大输出场 |
| S5.5<br>根据实验的标准解法 | S5.5.1 通过分解获得物质粒子 | 通过降解获得物质粒子 |
| | S5.5.2 通过结合获得物质粒子 | 通过组合获得物质粒子 |
| | 应用标准解法 S5.5.1 及标准解法 S5.5.2 | 标准解法 S5.5.1 及标准解法 S5.5.2 结合使用 |

从原理上来说，简化与改善策略对工会工作具有重要的启发意义。工会可以借鉴简化与改善策略，对工作流程进行优化，去除不必要的步骤和环节，提高工作效率。例如，通过引入数字化管理工具，实现职工“一键入会”；利用网上会议系统，实现在线报名和会议管理，简化线下程序，提高工作效率；利用“职工之家”APP，为职工提供直达服务；等等。

## 案例 77：比亚迪股份有限公司改革用工机制，培养壮大产业工人队伍

比亚迪股份有限公司在深圳地区有产业工人 10 万余人。公司坚持“留下来、发展好、稳得住”的人才理念，深入推进产业工人队伍建设改革，努力培养一支稳定就业的高素质产业工人队伍。

一是全部使用正式工。改革用工模式，全部使用正式工。分层分级开展宣传引导、员工满意度调查、咨询热线等工作，促成劳务派遣工全部转为正式工，极大提升产业工人的主人翁意识，员工流失率下降至 6% 以下，劳动纠纷减少，生产效率提升。

二是全面实施自主招聘。针对制造业招人难的问题，组织员工现身说法，提高员工内部推荐的积极性。同时，创新招工方式，与抖音进行招聘合作，开展网络直播招聘，线上招聘专场的传播量达 53.7 万人次。

三是深化校企合作。与全国高等职业院校开展校企合作、联合培养技工人才，推动人才链和创新链、产业链深度贯通融合。目前已通过校企合作输送 5.1 万人，在高校圈内形成良好的口碑。稳定就业的高素质产业工人队伍成为企业高质量发展的重要力量。

**创新亮点分析：大道至简**

比亚迪股份有限公司改革用工机制，全部使用正式工的做法，实现了用工模式、招聘流程的简化与改善，提高了企业的运营效率和管理水平，为企业的可持续发展奠定了坚实的人才基础，也为壮大产业工人队伍提供了有益的思路。

一是用工模式的简化与改善。比亚迪将用工模式简化为全部

使用正式工，这一措施直接降低了用工的复杂性，降低了劳务派遣带来的管理和协调成本，提高了员工的工作满意度和归属感，减少了员工流失，稳定了产业工人队伍。

二是招聘流程的简化与改善。比亚迪全面实施自主招聘，通过员工内部推荐和网络直播招聘等方式，简化了传统的招聘流程，降低了招聘成本。这些方式适应了新生代产业工人的求职习惯，吸引了更多求职者的关注，提高了招聘效率，吸引了大量优秀人才。

三是校企合作的深化与改善。比亚迪与全国高等职业院校开展校企合作，联合培养技工人才。这种合作模式简化了企业培养人才的复杂流程，降低了培养成本，同时也提高了人才的质量和适用性。

## 案例 78：河池市总工会推行“双语监督”护航民族地区职工劳动权益

河池市总工会创新推行“双语监督”模式，推进“一函两书”制度在民族地区落地生效。

一是建“双语”团队，强监督力量。在少数民族县、民族乡聘请熟悉劳动法律法规且精通壮、瑶、仫佬、毛南等少数民族语言的双语监督员，用少数民族语言讲解法律条文和政策精神，使职工能清晰了解政策内容，提高依法维权的意识和能力。截至 2024 年底，河池市各级工会劳动法律监督组织共配备监督员 2380 名，其中双语监督员 1072 名，实现少数民族县、民族乡 100%覆盖。

二是定管理规则，明监督职责。出台双语监督员专项工作方案，明确聘请条件、工作职责和保障措施等，要求双语监督员熟悉劳动法律法规和工会业务知识、协助处理职工的劳动纠纷和投诉、配合上级工会开展“一函两书”工作等，确保“双语监督”有章可循、有序开展。

三是重监督履职，促和谐发展。全市各级工会双语监督员协同相关部门到企业开展高温防暑、职业病防护等专项劳动法律监督、法治宣传活动 121 场次，指导和督促 32 家企业整改未与职工签订书面劳动合同等问题。“双语监督”模式有力促进了民族地区稳定发展和社会和谐进步，增强了民族职工之间的团结交流，为构建多元包容、共同繁荣的河池经济发展环境筑牢了根基。

**创新亮点分析：差异化体现创新性**

河池市总工会工作的独特性根植于其多民族聚居的特殊区情，这种地域差异性被创造性地转化为创新动能。当地创新设立双语监督员机制，构建起跨语言法律服务体系，这种设计既保留了法治框架的严肃性，又融入了民族文化共情力，使劳动权益保障能穿透语言屏障直抵职工，将地域特殊性转化为工会工作的创新优势，同时实现了 TRIZ 理论中改善策略的创造性应用。

河池市总工会通过制定详细的工作方案，为双语监督员的工作提供了明确的指导和规范，确保了监督工作的有序开展。双语监督员协同相关部门开展专项劳动法律监督和法治宣传活动，指导和督促企业整改问题。通过双语监督员的积极参与，河池市总工会成功地将监督工作深入企业一线。同时，法治宣传活动的开展也提高了职工的法律意识和自我保护能力，为构建和谐劳动关系提供了有力保障。

“双语监督”模式将语言优势与工会监督职能相结合，充分考虑了民族地区的实际情况和特殊需求，成功地解决了当地工会监督工作中的难题，不仅为河池市工会工作注入了新的活力，也为其他民族地区工会工作提供了可借鉴的经验和启示。

## 案例 79：天津市河西区总工会在蹲点工作中把职工“呼声”变为“掌声”

天津市河西区总工会派出 24 名工会干部和工作者，组成 8 个工作组深入基层，践行服务职工初心，努力把职工“呼声”变为“掌声”。

一是充分调研，打好蹲点工作前站。以问题为导向，聚焦重点任务，充分调研分析，精心筛选蹲点街道和企业。召开蹲点工作启动会，倾听基层“声音”，对工资集体协商、职代会等重点工作进行详细部署，为蹲点工作顺利开展奠定坚实基础。

二是提升认同，强化思想政治引领。蹲点期间，恰逢党的二十届三中全会胜利召开，工作组联合“河西劳模宣讲队”，开展 40 余场宣传宣讲活动，覆盖千余人次，让党的理论学习生动鲜活、入脑入心，进一步坚定广大职工群众跟党走的信念。

三是高效务实，真正服务企业职工。每周报送工作进度，用数据“说话”；每月召开蹲点工作推动会，交流成果经验，用台账“说话”。蹲点期间，走访企业 300 余家，推动建会 35 家，发展会员 600 余人，开展“清凉茶摊”等活动 20 余场，解决各类问题 42

个，把职工群众需求的“呼声”转变为职工群众满意的“掌声”。

**创新亮点分析：工作“蹲下去”，掌声响起来**

天津市河西区总工会将加强和改进职工服务作为工作的出发点和落脚点，派出工作组深入基层，综合运用调研、宣讲、服务等多种手段，形成了服务职工的强大合力，展现了服务职工的新思路和实践创新。

一是精准调研，科学规划。工作组在蹲点前进行了充分的调研分析，精心筛选蹲点街道和企业，确保蹲点工作的针对性和有效性。通过以问题为导向，聚焦重点任务，河西区总工会能够更准确地把握基层职工的需求和痛点，确保了工作成果能够真正惠及职工。

二是强化思想引领，创新宣传方式。蹲点期间，工作组联合“河西劳模宣讲队”，利用劳模的榜样力量，开展了一系列生动鲜活的宣传宣讲活动，创新了思想教育的形式和内容，让党的创新理论学习更加贴近职工、深入人心。

三是高效务实，解决实际问题。工作组建立了周报送工作进度和月召开蹲点工作推动会的制度，通过数据和台账说话，确保工作的高效务实。通过定期总结和交流，工作组能够及时调整工作策略，优化资源配置。

工作组在蹲点期间，走访了多家企业，推动了建会和发展会员的工作，同时开展了多种形式的服务活动，解决了职工群众的实际问题，体现了工会服务职工的初心和使命，有效提升了职工的满意度。

第八章

# 其他创新方法的工会应用

除了 TRIZ，还有许多创新方法可以运用于工会工作领域，其中比较通俗、简单易用的有奥斯本检核表法、和田十二法等。

## 第一节　奥斯本检核表法

1964 年，美国学者亚历克斯・奥斯本在《应用想象力》一书中提出检核表法，又称为“检查单法”“对照表法”“分项检查法”等。由于该方法通用性强，包含了多种创造技法，故有“创造技法之母”的美誉，后来被广泛用于各种创新管理实践。

奥斯本检核表法通过结构化思维激发创新，其核心是对需要解决的问题逐项进行核对、设问，运用联想、类比、组合、分割、移动、同构、颠倒、转换、改型等思维方法，寻找多种解决方式，引发创新设想。奥斯本检核表法包括其他用途、借用仿制、修正改变、扩大范围、缩小分割、替代作用、调整布局、颠倒替换、排列组合等内容。

### 一、其他用途

其他用途强调对成熟工具进行场景重构与价值再造。以工会领域的竞赛机制为例，其传统应用于生产领域，通过技能比拼提升劳动效率。哈尔滨市总工会突破常规思维，将竞赛思维引入集体协商场景，体现了“旧要素新组合”的创新逻辑。

## 案例 80：哈尔滨市总工会以竞赛为手段提升集体协商质效

哈尔滨市总工会以集体协商提质增效为目标，以“赛训 + 实操 + 宣推”的模式，创新工作方法，取得显著成果。

一是赛训结合，提升能力。组建全市 144 名集体协商指导员队伍，仅 2024 年就开展培训班 15 期，培训 3000 人次。开展集体协商知识竞赛 51 场，全市 30 余万名职工参与。深入企业组织培训观摩会 33 次，特邀专家现场指导，提高了集体协商指导员业务水平。

二是实操指导，规范运作。联合市人社部门、市工商联下发《1+3 哈尔滨市集体合同参考文本》，各级工会主动向企业行政方发出集体协商要约。组织编写《集体协商指导员工作手册》并印发 1 万余册，具有极强的理论性、指导性和可操作性。

三是宣传推介，典型引路。通过省工人报、市电视台等为珍宝制药等典型企业进行宣传。运用微信、广播等网络平台，开展线上讲座，介绍好经验、好做法。组织全市汽车租赁行业，特别是非公企业、小微企业召开座谈会、调研会。线下交流指导，一企一策推动指导工会与企业行政开展协商工作。

**创新亮点分析：协商与竞赛的“化合反应”**

劳动竞赛与集体协商是工会工作的两大手段。其中协商强调妥协性，竞赛具有对抗性。哈尔滨市总工会将这两种手段创新地结合到一起，开展了集体协商竞赛，使协商与竞赛产生了奇妙的

“化合反应”。其创新亮点体现在几个方面：

一是协商与竞赛相融合，激发参与热情。哈尔滨市总工会将集体协商工作与知识竞赛相结合，通过举办集体协商知识竞赛，吸引全市职工积极参与。这种竞赛形式不仅丰富了职工的集体协商知识，还激发了他们的参与热情，使集体协商工作充满活力。

二是以赛促学，提升协商能力。知识竞赛作为一种有效的学习方式，激励职工在竞赛中不断学习、不断提高。这种以赛促学的方式，提高了学习效率，为集体协商工作打下了坚实的基础。

三是竞赛成果转化为协商实践。这种方式可以选拔竞赛中涌现出的优秀选手和团队，将他们培养成协商工作中的骨干力量。同时，竞赛中涉及的案例和问题也可以作为协商实践的参考，为实际协商工作提供有益的借鉴。

## 二、借用仿制

借用仿制强调从成熟经验中提取核心逻辑并进行场景迁移。“枫桥经验”作为社会治理典范，其核心在于构建“群众自治 + 多元参与”的协同机制。山西省总工会将此逻辑植入劳动关系领域，创新工作模式。通过组建职工调解员队伍促进群众参与，搭建劳资双方对话平台促进自主协商，运用数字化工具监测矛盾预警信号。这种创新不是简单复制，而是将“共建共治”理念解构为“劳资共商”机制，既延续“发动群众”的基因，又针对工会场景进行要素重组，形成矛盾化解新范式。

## 案例81：山西省总工会建设“工会枫桥”服务站点，推进劳动争议预防化解工作

山西省总工会聚焦劳动争议预防化解重点难点，采取试点先行、品牌打造、集中推广等模式，在全省培育建设“工会枫桥”基层劳动关系公共服务站点，最大限度把劳动争议化解在基层、化解在萌芽状态。

一是整合资源打造阵地。以晋城市沁水县嘉峰镇为试点，指导镇工会争取党政支持，将建设“工会枫桥”基层劳动关系公共服务站点纳入“抓党建促基层治理”重要内容，建设“一站五队多点”服务阵地。

二是挖掘地域文化特色。省、市、县三级工会协同推进，深入挖掘赵树理“上土炕说土理、用土办法解决土事情”的群众工作法，探索创新劳动领域“枫桥经验”，总结推行“情理法融”“四理六象”“五先五后”“三环七步”经验，形成“树理公惠”工会服务品牌。

三是多方聚力集中推广。联合省委社会工作部、省法院、省人社厅等九部门，在用工人数多、经济体量大的乡镇（街道）建设“工会枫桥”基层劳动关系公共服务站点，同时探索建立长效化支持机制，由省、市、县工会同步列支专项经费。

**创新亮点分析：工会与“枫桥”的融合创新**

工会工作借鉴“枫桥经验”，化解劳动关系矛盾，营造和谐稳定的劳动关系，在新时代有着重要的现实意义。山西省总工会在劳动争议预防化解方面，将工会工作与“枫桥经验”创新融合，

取得了显著成效。

在理念方面，山西省总工会将“枫桥经验”中的“小事不出村，大事不出镇，矛盾不上交”的理念融入工会工作，特别是在劳动争议预防化解方面，力求将矛盾纠纷化解在基层、化解在萌芽状态。

在机制方面，通过建立“工会枫桥”基层劳动关系公共服务站点，将“枫桥经验”中的群众工作方法、矛盾纠纷调解机制与工会的工作机制相结合，形成了具有工会特色的劳动争议预防化解机制。通过试点探索，总结出了“一站五队多点”的服务阵地建设等适合工会工作的“枫桥经验”实践模式。通过示范引领，带动全省各级工会学习和借鉴“枫桥经验”。

在实践方面，注重发掘地域特色，深入挖掘赵树理“上土炕说土理、用土办法解决土事情”的群众工作法，形成了具有工会特色的服务品牌——“树理公惠”，打造了具有工会特色的服务品牌。通过多种渠道对“树理公惠”品牌进行传播和推广，提高了工会服务的知名度和影响力，增强了职工对工会工作的认同感和信任感。

## 三、修正改变

修正改变强调对成熟模式进行要素重构与功能升级。以“工会 + 检察 + 法院”劳动争议调解机制为例，广州市总工会突破传统框架，将税务部门纳入协作体系，创新“税务 + 工会”社保费调处模式。这种创新通过调整参与主体属性实现税务部门提供政策解读优势、工会发挥群众基础特长，形成“政策精准落地—诉求有效传递”的双向通道。相较于原有模式，新机制既保留多元协同内核，又通过引入专业资源提升调处权威性，展现“要素微调—功能跃迁”的创新逻辑。

### 案例82：广州市总工会打造“税务+工会”社会保险费矛盾纠纷多元化解工作站

广州市总工会建设全国首个“税务+工会”社会保险费矛盾纠纷多元化解工作站，促进社会保险领域矛盾纠纷及时高效化解。

一是构建矛盾纠纷多元化解新机制。市总工会将推进社会保险领域多元解纷作为着力点，联合市税务、人社、法院等14个部门出台对接合作方案，建立联席会议、信息共享、学习培训、纠纷处置快速响应等制度机制，推动涉及社会保险费缴纳矛盾纠纷有效化解。

二是打造矛盾纠纷一体调解新平台。市总工会在白云区创新建立“税务+工会”社会保险费矛盾纠纷多元化解工作站，选派专业律师参与调解，搭建多方沟通协调平台，推进争议调解制度化、规范化。在前期试运行阶段，工作站共化解涉社保费争议案件6起，引导用人单位为9名职工补缴社保费21万元。

三是推行矛盾纠纷源头预防新举措。全市工会积极推进劳动法律监督“一函两书”制度与社保费争议处置有机结合。例如，某企业获悉工作站将向其发出“一函两书”后，迅速为职工补缴社保费，及时化解了一场群体性劳动争议。

**创新亮点分析：双措并举，为社保再加“双保险”**

广州市总工会建设全国首个“税务 + 工会”社会保险费矛盾纠纷多元化解工作站，其创新性体现在机制、制度、平台、团队等多方面。

一是跨部门协作。广州市总工会联合市税务、人社、法院等 14 个部门出台对接合作方案。这种跨部门的协作机制，实现了资源的有效整合和共享，不仅提高了矛盾纠纷化解的效率，还增强了工作的权威性和公信力。

二是建立多种制度机制。广州市总工会建立联席会议、信息共享、学习培训、纠纷处置快速响应等一系列制度机制。联席会议制度为各部门之间的沟通协调提供了平台；信息共享机制确保信息的及时传递和共享；学习培训机制提升了工作人员的专业素养和调解能力；纠纷处置快速响应机制确保了矛盾纠纷能够得到及时处理。

三是引入专业资源。通过建立“税务 + 工会”社会保险费矛盾纠纷多元化解工作站，将税务和工会的专业优势相结合，为化解社保费纠纷提供了全新的平台；通过选派专业律师参与调解，推进争议调解的制度化和规范化。

广州市总工会的这一创新举措，不仅提升了工会的社会形象和影响力，还为其他地区和社会领域的矛盾纠纷化解工作提供了有益的借鉴和参考。

## 四、扩大范围

扩大范围强调突破原有应用边界，将成熟模式移植到新场景。以劳模工匠资源为例，上海市奉贤区总工会突破场景限制，开创“劳模工匠进暑托班”新模式，将劳模精神教育前移至青少年托管场景，设计劳动实践课程包，通过“工匠精神体验日”“劳动技能工作坊”等形式，将抽象价值观转化为可感知、可参与的暑期活动。这种创新既延续了劳模资源的育人属性，又通过场景延伸创造新价值，实现了“同一资源—多维赋能”的效能跃升。

**案例83：上海市奉贤区总工会“劳模工匠进暑托班”播下劳动种子**

2024年暑期，上海市奉贤区总工会精心策划“劳模工匠进暑托班”活动，在多所学校共开展了40场活动，惠及1300余名学生，获得师生、家长以及社会的一致好评。

一是全区广泛动员，各街镇积极参与。奉贤区总工会与团区委合作，积极推动“劳模工匠进暑托班”活动。全区各街镇积极响应，广泛参与，根据区域和行业特点精选具有代表性和影响力的劳模工匠，打造“劳模工匠讲师数据库”，供暑托班选择。

二是设计特色课程，劳模工匠展专长。讲课的劳模工匠来自各行各业，有为国产大飞机发动机“制衣”的产品研发专家，有荣获“工人发明家”称号的新时代产业工人，也有化解疑难矛盾纠纷的“模范人民调解员”。每一位劳模工匠都以其独特的方式，向孩子们展示了各自领域的专业知识和技能。

三是宣讲形式多样，知识传递生动。宣讲活动采用多种形式，通过故事讲述、互动问答、角色扮演、情景模拟等方式，将抽象的概念和复杂的知识转化为孩子们易于理解与接受的形式。多样化的宣讲增强了孩子们的参与感和体验感，把“思政小课堂”与“社会大课堂”有机结合，在孩子们心中播下了劳动的种子。

**创新亮点分析：劳动精神从娃娃抓起**

从培养劳动精神的角度来看，劳模工匠进暑托班、幼儿园的意义重大。上海市奉贤区总工会精心策划的“劳模工匠进暑托班”活动，正是“劳动精神从娃娃抓起”的生动实践。

奉贤区总工会与团区委合作，建立“劳模工匠讲师数据库”，精选具有代表性和影响力的劳模工匠，为暑托班提供了丰富的劳模工匠资源，让孩子们有机会近距离接触和学习各行各业的劳动模范。通过特色课程的设计，让孩子们了解到不同行业的劳动特点和技能要求，拓宽他们的视野和认知。劳模工匠的专业展示，还可以激发孩子们对特定行业的兴趣和热情，为他们未来的职业选择提供启示和参考。

“思政小课堂”与“社会大课堂”有机结合的劳动教育创新实践，正是“思政大课堂”的题中应有之义。

## 五、缩小分割

缩小分割主张通过精简要素实现效能提升。在工会工作中，很多地方把目光放在基层，从小处做起，夯实基础，以“小而精”的实践，实现“大而强”的效果。

## 案例 84：湖北省总工会强化经费保障，全力赋能“小三级”工会建设

湖北省总工会强化经费保障，全力赋能“小三级”工会建设，推动全省乡镇（街道）、省级以上开发区（园区）实现工会组织全覆盖，村（社区）工会覆盖面达到 93%。

一是坚持高位推进，找准政策切入点，切实提升基层工会治理水平。继 2023 年出台《关于大力支持全省“小三级”工会组织建设的若干措施》后，2024 年，湖北省总工会明确分类推进“有形覆盖”、分档推进“有力提升”的工作思路及举措。

二是坚持资源下沉，打通痛点堵点，着力解决基层工会发展难题。修订完善《2023—2025 年湖北省“小三级”工会组织建设工作补助项目资金使用管理办法（试行）》等系列制度文件，从省级层面构建“项目资金 + 培育资金”双重补助机制。基础补助的参考系数调整为“会员数 + 组织数”按 5∶5 的比例系数计算，以缓解区域工会组织发展不均衡的难题。

三是坚持典型引路，打造培训示范点，持续注入工会工作发展动能。通过“先建后补”“以奖代补”的方式，对达到建设标准的“小三级”工会予以奖补。对乡镇（街道）、开发区（产业园区）每个补助 3 万元，区域（行业）工会联合会每个补助 1.5 万元，村（社区）工会每个补助 1 万元。培育不同层面共 480 个省级“小三级”工会示范典型，放大以点带面的示范效应。

**创新亮点分析：向下扎根，向上生长**

湖北省总工会赋能“小三级”工会建设的经验是“大处着眼、

小处着手，向下扎根、向上生长”的生动实践。

一是政策保障。通过出台《关于大力支持全省“小三级”工会组织建设的若干措施》等政策措施，为“小三级”工会建设提供了明确的政策导向和支持，有效提升了基层工会的治理水平，使“小三级”工会在组织建设、职能发挥等方面更加规范、有效。

二是资金保障。通过构建“项目资金 + 培育资金”双重补助机制等办法，实现资源下沉，有效解决了“小三级”工会的资金瓶颈问题，激发了基层工会的积极性和创造性，推动基层工会的健康发展。

三是激励机制。通过“先建后补”“以奖代补”的方式，对达到建设标准的“小三级”工会予以奖补，这一举措既体现了对基层工会的肯定和鼓励，也激发了基层工会争创示范典型的积极性，形成了可借鉴、可复制的经验和模式，推动了“小三级”工会建设的整体提升。

## 六、替代作用

替代作用强调通过要素替换实现效能跃升。在工会工作领域，有些地方推行的“上代下”维权机制，就是该方法的生动实践。

### 案例 85：包头稀土高新区工会“上参下、上代下”，助力新就业形态劳动者维权新篇章

2023 年以来，包头稀土高新区构建党委重视、工会主抓、多

方参与、合力推进的集体协商工作格局。区工会采取“走下去，请上来”的办法，通过“上参下、上代下”模式，深入包头常铝北方铝业有限公司、安泰北方科技有限公司等100家企业，以现场协商的方式，就劳动报酬、工作时间、休息休假、福利待遇、劳动安全卫生及女职工生育保护、技术工人或高技能人才待遇等事项进行有序协商。着力解决了企业关于如何选择协商议题、选举双方协商代表、把握协商重点等问题，让协商代表敢说、会说、善说，有效提升他们的协商能力，推动集体协商工作见实效。截至2024年底，新签、续签工资专项集体合同102份，集体合同56份，女职工特殊权益保护专项集体合同49份，劳动安全卫生专项集体合同29份，新培育集体协商典型企业6家。

**创新亮点分析："上代下"、实效大**

“上代下”模式意味着上级工会代表下级工会或职工进行协商。包头稀土高新区这一创新性的代表机制，在一定程度上解决了基层工会或职工在协商过程中可能存在的力量薄弱、能力不足等问题。

对于基层工会或职工来说，面对强势的企业方，可能存在一定的心理压力。上级工会的代表和参与，可以增强他们的信心和底气。上级工会作为“上代下”的主体，能够为下级工会或职工提供组织支持和资源保障，帮助下级工会提升协商能力，调动更多的资源和力量，指导下级工会进行有效的协商，提升协商效果。

“上代下”模式不仅有助于协商过程的顺利进行，还有助于协商成果的落实和执行。上级工会可以监督企业方履行协商协议，确保协商成果得到真正落实。通过“上代下”模式，包头稀土高新区工会有效扩大了协商的覆盖面，为集体协商工作注入了新的活力和动力。

## 七、调整布局

调整布局强调通过调整系统组件实现功能升级。例如，上海市外滩露台上的百姓直播间，在原有城市空间要素中注入新就业形态服务模块，将观景台转化为直播场景，引入主播培训、流量扶持等新要素，通过要素重组创造新价值，使传统景观转化为新就业群体的服务枢纽，为工会服务阵地转型升级提供了新思路。

### 案例 86：上海市总工会邀请新就业形态劳动者走进直播间

上海市总工会组织上海新就业形态劳动者歌手大赛，邀请六位获奖代表走进“百姓直播间”，在外滩露台上，以浦江两岸为背景激情开唱，12.8 万人通过社交平台观看直播，3200 多万人次点赞。

从“一首歌”到“一座城”，彰显人民城市温度。本次活动以“喜欢上海不需要理由”为主题，充分展现城市“海纳百川”“以人为本”的发展理念。邀请上海知名街头艺人罗小罗作为特邀嘉宾，与获奖选手代表一同表演，唱响对这座城市和美好生活的热爱，让独在异乡的职工收获归属感。

从“一件事”到“一类事”，增加职工文化服务厚度。作为歌手大赛的延伸，本次活动邀请来自快递员、外卖配送员、网约车司机、货车司机、家政服务员、房产中介员等六个新就业形态劳动者群体代表，让职工站在舞台中央。

从“一个人”到“一群人”，加强新就业形态劳动者引导。上海工会坚持把加强职工思想政治引领贯穿于文化赛事、文化活动的全过程，用职工听得懂、听得进的语言讲好上海故事、职工故事、工会故事，让新就业形态劳动者成为正能量的传播者、工会的宣传员。

**创新亮点分析：让新业态劳动者登台亮相**

上海市总工会组织的新就业形态劳动者歌手大赛及其延伸活动，通过在外滩露台上进行直播演唱，展示了新业态劳动者的风采，通过线下活动与线上平台的结合，扩大了活动的影响力和覆盖面。

上海工会这种将文化赛事与思想政治引领相结合的方式，创新了工会的工作方式，使思想政治工作更加贴近职工实际，更加生动有趣。直播活动让新就业形态劳动者成为正能量的传播者、工会的宣传员，将工会的声音和理念传播到更广泛的职工群体中去。这些创新不仅丰富了工会的工作内容和形式，也增强了工会的凝聚力和影响力。

## 八、颠倒替换

颠倒替换主张通过颠覆传统关系实现突破。在工会领域也有很多实践案例。例如，将工会的服务对象外卖小哥组织起来，成立志愿者服务队，为基层治理提供服务，注入创新力量。

### 案例 87：荥阳市总工会组建外卖小哥志愿服务队

2014 年以来，荥阳市总工会坚持促进新就业形态劳动者成长与加强基层治理双向赋能，组建了一支由外卖小哥组成的志愿服务队，推动外卖小哥融入基层网格化治理，成为基层治理新力量。

外卖小哥走街串巷、直面居民，对城市文明提升、基层治理、社会管理中所面临的难点、堵点了解掌握透彻。为激发他们参与基层治理的热情，主动发现线索，解决群众的“微实事”，做好群众的“暖心人”，京城路街道工会联合会根据其特点，指导文博社区工会联合会成立了首支 62 人的“外卖小哥志愿服务队”，由外卖小哥担任“流动网格员”，积极参与社区治理。

工作中的外卖小哥利用自身职业优势，随餐附赠反诈骗宣传页，让顾客轻松学习到防诈实用知识。同时，外卖小哥将工作过程中发现的街区秩序、安全隐患、矛盾纠纷、公共环境等问题线索拍照上传，实现了“骑手吹哨、社区把关、网格派单、部门接单”的基层治理“新”模式。

**创新亮点分析：双向赋能，正向回馈**

荥阳市总工会推动的外卖小哥参与基层治理的工作，体现了独到的创新性。通过加强他们与基层治理的融合，促进外卖小哥等新就业形态劳动者的成长，不仅提升了外卖小哥的社会责任感，也为基层治理注入了新的活力，实现了双向赋能。

外卖小哥组成志愿服务队，成为创新的基层治理力量。外卖小哥走街串巷、直面居民，对城市情况有深入了解，他们成为基层治理的新力量，能够更快速地发现和处理问题。外卖小哥担任

“流动网格员”，是一种创新的宣传方式，他们在送餐过程中附赠反诈骗宣传页，提升了顾客的防诈意识，实现了宣传教育的普及。外卖小哥在工作过程中容易发现问题线索，及时“吹哨”预警，由社区进行把关和派单，相关部门接单后迅速处理，形成“骑手吹哨、社区把关、网格派单、部门接单”的治理流程，提高了基层治理效率，为构建和谐社会、提升城市文明水平作出了积极贡献。

## 九、排列组合

排列组合强调通过要素整合创造新价值。在工会工作中类似的创新也有许多，例如，湖南晓光汽车模具公司把生产和教学部门“组合”在一起，建立产教融合机制，以“双元制”职教模式，培养技能人才，激活职工创新创造功能。

### 案例 88：湖南晓光汽车模具公司产教融合促进产业工人技能提升

湖南晓光汽车模具公司借鉴“双元制”职教模式，与28所院校建立产教融合机制，开发完整课程体系；建立实习基地，每年为6000余人次提供见习、实习机会；搭建公共实训平台，与园区共建“长沙智能制造技能实训中心”，整合职教资源，联合产业链主导企业、职业院校，建立“政、行、企、校”终身职业教育生态联盟，精准培养技能人才。

公司承办集训竞赛20余场，服务企业260余家，每年为园区“一主一特”主导产业提供职工技能提升培训2000余人次，服务专业技能人才超万人。与雨花经开区10家产业链主导企业、长株潭10所职业院校组建“终身职业教育生态联盟”，开设首批“国际高级双师培训班”，为55名院校老师和企业骨干人员颁发“双元制”双师资格证书，成为区域汽车模具行业培训“标杆”。

**创新亮点分析：“双元、双师”促进“双赢”**

产教融合是当前产业工人队伍建设改革中的一项重点工作，湖南晓光汽车模具公司在实践中有以下创新之处：

一是深度产教融合的机制创新。通过校企紧密结合、深度合作，联合产业链主导企业、职业院校，建立“政、行、企、校”终身职业教育生态联盟，打破了传统教育与产业之间的界限，促进了教育资源与产业需求的有效对接，提高了人才培养的针对性和实用性。

二是“双元制”职教模式的应用创新。“双元制”职教模式强调学校与企业作为双主体的共同参与，该公司借鉴这一模式，通过创办工匠学院和与院校的深度合作，实现了理论知识学习与实际操作技能的有机结合，提高了人才培养的质量。

三是“双师”促进双赢的实践创新。公司开设首批“国际高级双师培训班”，为院校教师和企业骨干人员提供专业培训，并颁发“双元制”双师资格证书。这一举措不仅提升了教师的实践教学能力，也增强了企业人员的技能素质与理论素养，促进了知识与实践的双向结合，为企业发展注入了新的活力。

## 第二节 和田十二法

和田十二法是我国学者许立言、张福奎在奥斯本检核表法基础上改进的思维工具，其核心是通过 12 个维度引导观察者对事物进行系统提问与创新思考。该方法既传承了奥斯本检核表法的框架，又在问题维度设计上作出创新性拓展，形成兼具系统性与灵活性的思维训练体系。

### 一、加一加

和田十二法中“加一加”的创新思维，既体现在物理空间的扩展方面，也适用于跨界资源整合方面。例如，南昌市总工会将组织优势与党报宣传资源相叠加，构建“工会 + 媒体”协同机制，通过具象化改造与抽象要素融合的双轨并进，实现功能升级和系统创新。

#### 案例 89：南昌市“工会 + 党报”大力宣传“中国梦 · 劳动美”

2012 年 5 月，南昌市总工会与南昌日报社合作创办《工会园地》专版，2013 年 6 月，专版升级为《中国梦 · 劳动美》彩版。12 年来已累计推出 581 期，在洪城大地上唱响了“中国梦 · 劳动美”品牌。

一是内容为王，主动发出工会声音。坚持以弘扬劳模精神、劳动精神、工匠精神为主，依托权威主流舆论阵地《南昌日报》

发声，采用关联性、解读性、生活化视角，精心展示劳动风采、劳模故事、维权服务、政策解读、工会工作亮点及成效等内容，增强宣传报道的传播力、引导力、影响力、公信力。

二是借力采编，提升正面宣传质效。由市总工会策划选题、提供线索素材，充分发挥报社采编人员专业优势，对新闻线索及内容进行加工，制作既有“颜值”又有“内涵”的高品质新闻产品，实现价值引领和成风化人的传播效果。

三是多媒联动，适应移动传播趋势。根据移动传播对象化、分众化的特点，采用“统一策划、一次采集、多元生成、差异表达、全媒传播”模式，将专版内容同步推送至南昌市总工会“网、微、号”平台和“南昌新闻网”“洪观新闻”等平台，扩大传播覆盖面。

**创新亮点分析：“加”出一片新天地**

南昌市总工会与南昌日报社合作创办《工会园地》(后升级为《中国梦·劳动美》）专版，是工会工作的一项创新，体现了“和田十二法”中“加一加”的原理。

一是内容上的“叠加”。工会与报社合作，进一步增加了宣传报道的深度和广度，更全面地展示了工会工作的内容，也更好地发挥了工会作为职工“娘家人”的作用。

二是功能上的“加强”。通过《工会园地》这一阵地，南昌市总工会不仅主动发出了工会声音，还使宣传报道更加贴近职工生活。这种功能的增强，使工会工作的影响力和覆盖面得到了显著提升。

三是影响力的“加大”。南昌市总工会充分利用新媒体平台，通过“统一策划、一次采集、多元生成、差异表达、全媒传播”的模式，实现多媒联动和移动传播的有机结合。这种方式使工会工作更加贴近时代潮流，进一步提升了工会工作的影响力。

## 二、减一减

和田十二法中“减一减”的创新思维，既包含物理属性的精简，也适用于抽象负担的消除。例如，工会工作推行“创新减法”，同步减轻基层、职工和干部的负担。这种减法思维既实现形式优化，又推动效能提升。

### 案例90：青岛市总工会优化流程，提高经费审查时效

青岛市总工会依托山东工会经审工作平台开发经费计拨审查功能，实现经费计拨审查“一网通办”，解决了审查时间紧、基层任务重、审核链条长等问题。2023年至2024年，共为217家企业700余人次降低人力、时间成本，实现了基层减负和业务提升双赢。

一是以智慧工会建设为总抓手，青岛市总工会调研了解经费计拨审查工作的痛点和难点，开发“计拨审查”功能模块，设定系统自动审查“硬约束”，着力在审核简化、服务精准、申报提速上下功夫。

二是以统筹基层减负和赋能为落脚点，青岛市总工会下放审核权限，推进流程再造，基层申报流程由“三级审核”转变为

“一级审核”，通过跨单位跨部门数据共享实现减材料、减环节、减时间，用审核的主动“瘦身”为企业“松绑”、为基层“解困”。

**创新亮点分析：以流程再造促“减负瘦身”**

青岛市总工会依托山东工会经审工作平台开发经费计拨审查功能是“减一减”创新思维的生动实践。这一做法减少了审核环节、简化了流程、降低了人力和时间成本，实现了工会工作创新。

青岛市总工会针对经费计拨审查工作的痛点和难点，通过智慧工会建设，开发了“计拨审查”功能模块，并设定了系统自动审查的“硬约束”。这一创新举措显著减少了多级人工审核环节，大大缩短了审核链条，提高了审查效率。通过减少不必要的审核环节，实现流程的优化和效率的提升，体现了“减一减”技法的核心内涵。

除了减少审核环节，青岛市总工会还通过跨单位、跨部门数据共享，实现了申报材料的简化。这一创新举措不仅简化了申报流程，还大大降低了基层工会的人力成本。“减一减”技法在青岛市总工会经费审查工作中的另一个重要应用是缩短审查时间。由于采用了自动化审查系统和数据共享机制，青岛市总工会能够在更短的时间内完成审查工作。这种快速响应的模式，实现了基层减负和业务提升双赢。

## 三、扩一扩

和田十二法中“扩一扩”的创新思维，既涵盖物理维度的放大，也包含功能维度的延伸。例如，工会组织通过扩大覆盖面、将新就业形态劳动者纳入服务范畴、运用数智化手段升级传统工作模式等。这种扩展思维与 TRIZ 中“引入新物质和场”的原理相通，既能实现规模增长，也有利于推动系统升级。

## 案例 91：福建省总工会建立完善女职工组织建设“123”机制

近年来，福建省总工会通过建立“123”机制，不断扩大女职工组织覆盖面。

一是坚持一个原则，即坚持和落实组建工会的同时建立女职工组织。制定出台《福建省总工会关于加强新时代工会女职工工作的实施意见》，将工会女职工组织建设纳入工会组织建设的总体规划，女职工组织与同级工会委员会同时考察、同时报批、同时选举产生，确保工会女职工组织应建尽建。

二是强化两个依托，即依托工会全会力量和依托用人单位支持发展女职工组织。整合工会资源，抽调骨干力量，通过基层蹲点、挂钩联系、免费“两癌”筛查、赠送关爱礼包等多种方式，加强与非公企业、社会组织、平台企业等的联系沟通，用感情和有效服务取得用人单位支持和女职工认可。截至 2024 年底，全省基层工会女职工组织覆盖率超过 90%，其中非公企业、社会组织工会女职工组织覆盖率达到 87%。

三是完善三个载体，即以联合型、行业型、区域型女职工组织为载体，不断扩大工作覆盖面。成立全国首家省级数字经济产业工会女职工委员会，目前省市两级数字产业工会覆盖数字经济企业 3.6 万余家，会员 24.5 万人，其中女职工约 8.1 万人。

**创新亮点分析：扩大覆盖面，增强服务力**

和田十二法中的“扩一扩”指的是将原有的事物或方法进行扩展或延伸，以产生新的效果或应用。在工会女职工组织建设方面，“扩一扩”意味着不仅要保持现有组织的规模和影响力，还要通过创新手段和方法，进一步扩大组织覆盖面，提高组织的活跃度和影响力。

一是组织上“扩一扩”。福建省总工会坚持落实组建工会的同时建立女职工组织，通过将女职工组织建设纳入工会组织建设的总体规划，实现了女职工组织与工会委员会的同步发展，确保了女职工组织的广泛覆盖。

二是工作力量上“扩一扩”。福建省总工会依托工会全会力量和用人单位支持发展女职工组织，通过整合工会资源、抽调骨干力量，实现了与非公企业、社会组织、平台企业等的广泛联系和沟通。

三是工作方式上“扩一扩”。福建省总工会以联合型、行业型、区域型女职工组织为载体，不断创新组织形式和模式。通过成立省级数字经济产业工会女职工委员会等创新举措，实现了女职工组织在数字经济等新兴领域的广泛覆盖。

## 四、缩一缩

和田十二法中“缩一缩”的创新思维，既包含物理维度的缩小化应用，也涵盖流程维度的精简优化。例如，工会工作运用数智化手段缩短办事流程等。这种压缩思维既能够提升工作效率，也有助于改善用户体验。

## 案例92：浙江省总工会依托数智手段重塑流程，积极开展职工困难帮扶工作

浙江省总工会通过简化流程、数智加持等手段，提升职工困难帮扶效力，构建职工困难帮扶“全链式”新体系。

一是出台《浙江工会关于中央财政职工困难帮扶资金项目管理实施细则》，修订《浙江工会困难职工家庭档案认定和管理办法》，变“单发补助”为“项目化”管理，变事后帮扶为事前预防与事后帮扶相结合，放宽建档条件，扩大帮扶范围，提高帮扶标准。

二是数智赋能升级。困难职工可通过全国总工会“职工之家”APP、“浙里办”数字工会应用、浙江数字工会微信小程序等渠道在线申报，后台实现与民政、残联、妇联、团委等多部门数据共享，确保符合条件的困难职工“应建尽建、应帮尽帮”。

三是建档提速，建档时间从以往的20个工作日缩短至10个工作日；试点开通“一键拨付”功能，补助到达困难职工手中的时间从以往的3个月缩短至20个工作日以内。

**创新亮点分析：省下的就是挣下的**

浙江省总工会通过数智赋能，重塑困难职工帮扶流程，极大地缩短了建档时间和补助拨付时间，正应了一句俗话：“省下的就是挣下的。”为职工节省下来的时间成本，就是工会挣来的服务效益、组织的凝聚力和向心力。

和田十二法中的“缩一缩”指的是通过压缩、缩小、微型化等手段，简化流程、提高效率。在浙江省总工会的职工困难帮扶工作中，“缩一缩”的理念被应用于流程优化、时间缩短和资源整合等方面，大大提高了帮扶效率。此外，还强化“数智加持”，通过全流程的数字化管理，实现了精准帮扶与资源高效配置，为困难职工提供了更加及时、有效的帮助。

## 五、变一变

和田十二法中“变一变”的创新思维，既包含物理属性的变革，也涵盖职业属性的重塑。例如，工会工匠培育工程通过技能提升实现由工变匠的质变。这种属性变革既能突破原有形态限制，也可以创造新的价值维度。

### 案例 93：滕州市总工会打造产业工人由“工”变“匠”“快车道”

滕州市总工会强化工匠人才队伍建设，赋能“强工兴产、项目突破”，推动产业工人由“工”变“匠”。产业工人增至 30 余万人，涌现出 60 名滕州工匠、150 名企业工匠。

一是党建“铸魂”。实施“双培养”工程，推动产业工人党员比例年均增长 10.12%。组建劳模讲师团，开展宣传教育活动 1200 场，覆盖职工 32.27 万人次。

二是培训“育匠”。将工匠培育纳入市委人才发展整体规划，构建四级梯队工匠培育机制。建设工匠学院及技能实训基地，成立工匠联盟与创新工作室联盟，每年投入 50 万元专项资金，培训高水平技师 1.2 万名。

三是实战“树优”。持续举办技能大赛和劳动竞赛，涌现出 120 余名荣获市级以上荣誉的优秀工匠人才。聚焦主导产业与新兴领域，每年实施 80 项创新创效项目，促进高新技术企业快速增长。

**创新亮点分析：由“工”变“匠”，华丽转身**

“变一变”强调的是通过变化、变革、创新来改进事物或解决问题。在滕州市总工会的工作中，“变一变”的理念被广泛应用于党建引领、培训模式、实战锻炼等多个方面。

一是党建引领，变“单一”为“多元”。通过“双培养”工程，把产业工人培养成党员，把党员培养成产业工匠，实现了党建与工匠培育的有机融合。

二是创新培训，变“传统”为“现代”。通过构建四级梯队工匠培育机制，为不同层次的产业工人提供了更加精准和有效的培训路径。

三是实战锻炼，变“被动”为“主动”。通过持续举办技能大赛和劳动竞赛，激发产业工人的积极性和创造力，对于推动产业工人队伍的整体素质和技能水平的提升具有重要意义。

## 六、改一改

和田十二法中“改一改”的创新思维，聚焦于对现有缺陷的优化。例如，工会工作通过合理化建议等方式持续性改进，针对服务短板、流程漏洞进行靶向修正。这种迭代升级在保留原有基础的同时，实现了效能的提升。

### 案例 94：中烟青岛卷烟厂小改小革育创新人才

中烟青岛卷烟厂 20 多年来坚持开展小改小革活动，以“投入小、实施快、重验证、求实效”为创新工作的重点，培养了创新型人才队伍，取得了良好的经济和社会效益。

一是加强制度保障。制定《小改小革管理规定》，将小改小革活动纳入企业创新工作体系，按照《科技创新奖励管理规定》每年进行奖励。近六年完成小改小革 901 项，表彰优秀项目 596 项。

二是有效管理推进。制定《推进全员创新创效工作指导意见》和工作方案，发挥党政工团各级组织作用，深入发动基层一线职工参与。做好项目推广，以职工姓名命名工作法 37 项，取得发明专利 1 项、实用新型专利 5 项。

三是注重活动实效。要求项目的实施期和验证期不少于 6 个月。完善评审办法，区分 7 类项目，做好车间初评、职能部门审核并组织评审会，全面总结质量、效益、效率、节能减排等方面的效果。活动质效评分占总分的 60%。

截至 2024 年底，小改小革项目年均创造经济效益 300 万元，培养了一大批技术技能人才。

**创新亮点分析：老办法的新突破**

中烟青岛卷烟厂 20 多年来坚持开展的小改小革活动，是工会工作传统的老办法，也是对和田十二法中“改一改”原则的有效运用，其创新亮点主要体现在以下几个方面：

一是制度保障的改进。通过制度化的方式，将小改小革活动正式纳入企业创新工作体系，为活动的持续开展提供了有力的制度保障。

二是管理方式的改良。通过制定具体的指导意见和工作方案，明确了活动的目标、方向和实施路径。同时，充分发挥各级组织的作用，深入发动基层一线职工参与，扩大了活动的覆盖面和影响力。

三是活动实效的提升。通过设定项目的实施期和验证期，确保了项目的可行性和实效性。对不同类型的项目进行区分和总结，更加科学、客观地评价项目的成果和效果。这些做法在提高项目成功率的同时，也为企业创造了更多的经济效益，更重要的是培养了一大批技术技能人才，为企业的持续发展提供了有力的人才保障。

## 七、联一联

和田十二法中“联一联”的创新思维，强调通过发现事物间潜在联系创造新价值。例如，各地工会通过引领社会组织构建跨界联盟，通过区域工会联动形成协作网络等提高服务职工水平。实践证明，这种关联创新能突破资源边界，产生 1+1 ＞ 2 的协同效应。

### 案例 95：吉林省总工会以“吉工 · 伙伴”为载体深化工会联系引导社会组织工作

近年来，吉林省总工会以“吉工 · 伙伴”为载体，不断加强对劳动领域社会组织的政治引领、示范带动和联系服务，开创了工会联系引导社会组织工作的新局面。

一是强化政治引领。2021年，吉林省总工会成立工会联系引导劳动领域社会组织工作领导小组，发起“吉工·伙伴”活动。各成员单位结合各自职能，加强与劳动领域社会组织和新阶层人士的联谊交友、资源共享，联系引导其为职工提供专业化服务，进一步扩大工会“朋友圈”。

二是强化示范带动。印发《社会组织服务职工项目公益创投大赛管理办法》，启动首届工会联系引导社会组织服务职工项目公益创投大赛。2022 年以来，全省各级工会联系引导劳动领域社会组织达 240 余家，直接购买或参与公益创投项目 70 余个，持续擦亮“吉工·伙伴”品牌。

三是强化联系服务。结合“智慧工会”建设，依托微信小程序搭建社会组织与工会服务供需对接平台，印发《吉林省工会购买社会组织服务承接主体库管理办法》，建立工会购买社会组织服务承接主体库。截至 2024 年底，全省已有 125 家社会组织入库。

**创新亮点分析：广交“伙伴群”，扩大“朋友圈”**

“联一联”强调探索事物之间的联系，将不同事物组合在一起形成新的发明或解决方案。吉林省总工会的工作创新是“联一联”的生动实践。

一是联结社会组织与工会。通过发起“吉工·伙伴”活动，成功地将劳动领域社会组织与工会紧密联结在一起。这一联结使社会组织能够更好地为职工提供专业化服务，从而扩大工会的“朋友圈”，增强工会的服务能力和影响力。

二是联结不同领域的社会组织。通过首届工会联系引导社会组织服务职工项目公益创投大赛平台，成功地将来自不同领域的社会组织联结在一起。这种跨领域的联结促进了社会组织间的交流合作。

三是联结线上与线下服务。结合“智慧工会”建设，依托微信小程序搭建社会组织与工会服务供需对接平台。这一平台成功地将线上服务与线下服务联结在一起，不仅提高了服务效率，还使工会能够更精准地掌握职工的需求，为职工提供更优质、更专业的服务。

## 八、学一学

和田十二法中“学一学”的创新思维，强调通过模仿借鉴实现突破。在工会工作中，“学一学”体现为持续性的经验转化。例如，象山县总工会将“政策工具箱”概念迁移至理论宣传场景，创新打造“理论赋能箱”。这种学习创新既传承经验，又创造新价值。

**案例 96：象山县总工会打造“理论赋能箱”**

**象山县总工会创新推出“理论赋能箱”宣讲品牌，工会宣讲员深入基层开展宣讲，随身携带理论学习和宣讲用品，实现“职工在哪里，理论赋能箱就送到哪里”。截至 2024 年底，已开展宣讲 2000 余场次，覆盖超 30 万人次，分发理论书籍 5 万余套、学习用品 2.8 万余套。**

一是建立“1+50+N”专业化队伍格局。吸纳全县各领域优秀青年职工，组成1个县级总队、50个各具特色的宣讲小分队、N个“理论赋能箱”。开展“学研讲”训练营、理论宣讲脱口秀“段”造营等理论学习活动280余场次。

二是打造“短平快”灵活性宣讲方式。开展入户走访、交流研讨等活动，以需求为导向精准确定选题，精心打磨“上接天线，下接地气”的优秀宣讲稿件200余篇，把理论观点转化成平实的群众语言，将党的创新理论、重大会议精神、劳模工匠先进事迹传递到基层一线。

三是推出“流动＋固定＋特色”宣讲点。关注企业、农村、社区等职工集聚地，设立50余个固定宣讲点，实现一镇街一场景一特色。在旅游景点、游船码头等新就业形态劳动者聚集地设立30余个特色宣讲点，通过抖音、快手等新媒体平台，扩大宣讲覆盖面。

**创新亮点分析：学习无处不在**

“学一学”原则强调学习他人的经验、方法和技术，并将其应用到自己的工作中，以实现创新。象山县总工会打造“理论赋能箱”是这一原则的生动实践。

一是创新宣讲队伍构建方式。创新性地建立了“1+50+N”专业化队伍格局，增强宣讲队伍的活力和专业性。

二是学习并优化宣讲方式。打造“短平快”的宣讲模式，将理论观点转化成平实的群众语言，有效提高了宣讲的针对性和实效性。

三是拓展宣讲思路。推出“流动＋固定＋特色”宣讲点设置方式，这种多点布局的策略，不仅扩大了宣讲的覆盖面，还增强了宣讲的针对性和吸引力。

## 九、代一代

和田十二法中“代一代”的创新思维，强调在保持功能不变的前提下进行要素替换，这一原理在工会工作中既可以是服务场景的数字化迁移，也可以是“角色代入式”工作法，如襄阳市总工会通过“当一天站长”活动替代传统阵地运营模式，使服务触角前移并提升影响力。

### 案例97：襄阳市总工会开展“当一天站长”活动

襄阳市总工会组织开展“当一天站长”活动，聚焦新就业形态劳动者实际需求，当好驿站“五大员”、办好“五件事”、献出“五份爱”，实现工会阵地前移、服务前置、力量前倾。

2024年，襄阳市总工会深入贯彻全国总工会“新双15工程”工作部署，以开展“当一天站长”活动为抓手，组织300多名干部下沉工会驿站，实打实、面对面服务职工群众，进一步擦亮“我的工会我的家”特色服务品牌。

一是当好“五大员”。坚持以职工需求为导向，当好宣传员、服务员、管理员、联络员、指导员，累计整改药品更新不及时、饮用水供应不足等管理问题590个，精准解决社保、欠薪等权益诉求620件，着力破解外卖员“进门难”“换电难”等问题66个。

二是办好“五件事”。常态化开展“一次政策宣讲、一次送关爱、一项特色服务、一次微心愿、一场新就业形态劳动者联谊”活动，在重要节点、传统节日、极端天气，开展爱心护考、浓情腊八、冰冻救援等暖心服务，服务职工3万余人次。

三是献出“五份爱”。聚焦新就业形态劳动者实际需求，推出“爱新餐、爱新互献、爱新体检、爱新保险、爱新夏令营”等活动，分发爱心捐赠物品4000余件，惠及职工2万余人次。

襄阳市总工会还与各部门建立协同联动、轮值牵头、巡回服务等机制，零距离服务职工群众。将各类工会服务项目整合到驿站，实现小驿站、大服务。将驿站建设纳入全省“共同缔造”项目和市政府民生十件实事，实现驿站服务水平持续提升。

**创新亮点分析：“代入式”工作的魅力**

襄阳市总工会组织开展的“当一天站长”活动在工会驿站建设中展现出了显著的创新亮点。

一是人员角色的创新替代，实现了传统角色与临时角色的转换。在“当一天站长”活动中，工会干部以“代入”的方式参与驿站的日常运营，提供服务。这种做法不仅让工会干部能够更深入地了解驿站的实际运作情况，还能让他们从用户的角度去体验和思考，从而提出更加贴近职工需求的改进措施。

二是服务方式的创新替代，实现了从幕后到台前的服务转变。通过组织工会干部下沉驿站，将工会服务从幕后搬到台前，以“直面”的方式把工会服务更加直接、高效地送到职工面前，快速地响应职工的需求。

三是服务内容的创新替代，实现了多元化服务内容的拓展。

在原有驿站功能的基础上，叠加了普法宣传、心理咨询、岗位推介、争议调解、婚恋交友、免费理发等多种服务，丰富了驿站的服务内涵，提高了针对性和实效性。

## 十、搬一搬

和田十二法中“搬一搬”的创新思维，强调通过场景转换创造新价值。在工会工作中，体现为服务模式的灵活适配。例如，将冬季“送温暖工程”迁移至夏季，形成“送清凉”行动，并将传统服务场景从车间工地扩展至新就业形态群体聚集区域。这种迁移创新既保留了服务内核，又拓展了价值边界。

### 案例 98：安徽省总工会开展“工会送清凉 驿站在身旁”关心关爱新就业形态劳动者专项行动

安徽省总工会开展“工会送清凉 驿站在身旁”关心关爱新就业形态劳动者专项行动，为广大新就业形态劳动者提供更多可感可及的服务。

一是发起“一瓶水·传递爱”公益活动。省总本级为全省 150 家“全国最美工会驿站”配送定制矿泉水 100 万瓶，联动爱心企业在 1.3 万家工会驿站设置爱心饮水点，累计服务新就业形态劳动者等群体超过 100 万人次。

二是提供“惠送清凉”线上服务。依托“皖工惠”微信小程序，为货车司机、网约车司机等提供优惠服务；依托路歌卡友地带，将 25 万元的专属清凉礼包精准送到 2500 名货车司机、网约车司机手中。

**创新亮点分析：把关怀送到职工心上**

安徽省总工会开展的“工会送清凉 驿站在身旁”关心关爱新就业形态劳动者专项行动，创新了公益活动的形式，覆盖了广泛的新就业形态劳动者群体，体现了工会服务的广泛性和普惠性。依托“皖工惠”微信小程序，开展“惠送清凉”线上服务，为货车司机、网约车司机等提供了便捷的优惠服务，通过数字化手段，提供个性化精准服务，确保了有限的资源能够最大限度地惠及更多有需要的劳动者群体。

## 十一、反一反

和田十二法中“反一反”的创新思维，强调通过逆向思考重构问题。例如，沈阳市总工会针对新就业形态劳动者入会难题，反转传统“等人上门”的服务模式，主动开展流动入会行动。这种以“服务吸引覆盖”的反向逻辑，既解决了组织建设的痛点，也创造了服务的新场景。

### 案例 99：沈阳市总工会以“流动品牌促入会”助力新就业形态劳动者建会入会

沈阳市总工会紧密结合新就业形态劳动者群体特点和实际需求，破解新就业形态劳动者难集中、主动入会率低等难点问题，探索形成以“流动品牌促入会”系列活动助力建会入会的工作新路径。截至 2024 年底，累计开展“流动品牌促入会”活动 150 余场，新发展新就业形态劳动者会员 7 万余名。

一是上下联动，市区协同推进。由市总工会统筹，区（县、市）工会参与，搭建全市统一、各县区域特色的“流动品牌促入会”活动载体，形成一站式、专业化运行服务体系。

二是量体裁衣，破解服务难题。根据新就业形态劳动者流动分散的工作特点，精心打造流动体检、流动运动会、流动服务站、流动小课堂、流动大篷车等服务项目，将服务送到新就业形态劳动者身边。

三是拓展延伸，扩大有效覆盖。统筹多方资源，为新业态企业和职工提供建会入会、优会强会等各类“零距离”服务，通过服务覆盖进一步实现组织覆盖和工作覆盖，不断提升他们的获得感、幸福感、安全感。

**创新亮点分析：随流而动，工会就在你身边**

沈阳市总工会“流动品牌促入会”系列工作的创新亮点主要体现在以下几个方面：

一是反转传统服务模式。沈阳市总工会通过“流动品牌促入会”系列活动，反转了工会以往在固定场合、固定时间提供服务的传统模式，将服务送到新就业形态劳动者身边，极大地提高了服务的覆盖面和有效性。

二是改进传统入会方式。受工作性质影响，新就业形态劳动者往往难以集中参加入会仪式。沈阳市总工会通过流动服务站、流动小课堂等形式，在新就业形态劳动者的聚集地直接开展入会宣传和服务活动，使劳动者入会更加便捷、高效。

三是反向思考服务需求。沈阳市总工会根据新就业形态劳动者流动分散、工作时间不固定等特点，精心打造了流动体检、流动运动会、流动大篷车等多样化的服务项目。这些服务项目不仅满足了新就业形态劳动者在工作和生活中的实际需求，也增强了他们对工会组织的认同感和归属感。

沈阳市总工会统筹多方资源形成合力，共同为新就业形态劳动者提供“零距离”服务。这种打破常规的资源配置方式，增强了工会组织的影响力和号召力，提高了新就业形态劳动者的组织覆盖。

## 十二、定一定

和田十二法中“定一定”的创新思维，强调通过精确计量提升管理效能。在工会工作中，阜阳市总工会突破传统工会工作定性化模式，引入星级化管理，实现服务标准可量化、成效可评估。这种转化既使工会工作目标更清晰，也为持续改进服务提供了数据支撑。

### 案例 100：阜阳市总工会星级化管理激发基层工会活力

阜阳市总工会围绕规范化建设，在基层工会中开展星级化创建和管理工作，推动争先创优、整体提升。

一是科学制定方案“评星”。制定星级化创建和管理实施意见，量化评星标准，细分 94 项具体指标，明确分值权重，让基层工会干有方向、评有依据。截至 2024 年底，全市共培育选树五星级工会50家、四星级工会96家、三星级工会1477家，提示督导不规范企业工会15家。

二是强化激励保障“争星”。将星级工会创建纳入党建考核内容，制定实施基层工会和工会干部经费补助制度，制作专题宣传片，广泛宣传优秀典型和先进经验，推动14家民营企业工会与五星级工会开展“1+N”结对帮扶。

三是构建长效机制“强星”。强化动态管理，建立健全进入退出机制，每年组织一次四星级、五星级工会复查，形成全流程闭环管理。指导基层工会建立健全企业民主管理、困难职工帮扶等工会工作制度机制17个，促进民营企业规范化建设常态长效。

**创新亮点分析：探索工会工作标准化**

阜阳市总工会围绕规范化建设，在基层工会中开展星级化创建和管理工作，充分应用“定一定”原理，采取量化指标提高工作质量。

一是明确目标与标准，提升规范化建设水平。阜阳市总工会通过制定星级化创建和管理实施意见，明确提出量化评星标准，为基层工会提供了清晰的工作方向和评价标准。通过设定具体目标，激发了基层工会的积极性和竞争力，形成了争先创优的良好氛围。

二是强化激励与保障，激发基层工会活力。将星级工会创建纳入党建考核内容，为基层工会提供了有力的支持和保障，同时也促进了工会工作与党建工作的深度融合，形成工作合力。通过制定实施基层工会和工会干部经费补助制度，为基层工会提供了物质支持。

三是构建长效机制，确保持续发展。通过强化动态管理，建立健全进入退出机制，确保星级工会的先进性和代表性。通过建立健全工会工作制度机制，促进企业工会规范化建设的长效持续发展。

# 参考文献


1. 袁张度．创造与技法［M］．北京：中国工人出版社，1984年10月．

2. 温元凯等．创造学原理［M］．重庆：重庆出版社，1988年6月．

3. 杨乃定主编．创造学教程［M］．西安：西北工业大学出版社，2004年1月．

4. 赵敏等．TRIZ进阶及实战——大道至简的发明方法［M］．北京：机械工业出版社，2016年1月．

5. 陈吉明编著．创造学与创新实践（第二版）［M］．北京：科学出版社，2016年1月．

6. 李梅芳，赵永翔编著．TRIZ创新思维与方法：理论及应用［M］．北京：机械工业出版社，2016年9月．

7. 郭业才主编．创造学教程［M］．北京：清华大学出版社，2017年5月．

8. 中国机械冶金建材工会主编．创新之路——中国机械冶金建材系统基层工会工作创新案例［M］．北京：中国工人出版社，2018年12月．

9. 赵新军等．TRIZ创新方法及应用案例分析［M］．北京：化学工业出版社，2020 年 1 月.

10. 李洪奎，迟宝倩主编. 创造学基础［M］. 哈尔滨：哈尔滨工程大学出版社，2020 年 8 月.

11. 中华全国总工会编著. 全国工会重点工作创新案例（2024 年第 1–2 期）［M］. 北京：中国工人出版社，2024 年 4 月.

12. 中华全国总工会编著. 全国工会重点工作创新案例（2024 年第 3 期）［M］. 北京：中国工人出版社，2024 年 5 月.

13. 中华全国总工会编著. 全国工会重点工作创新案例（2024 年第 4 期）［M］. 北京：中国工人出版社，2024 年 6 月.

14. 中华全国总工会编著. 全国工会重点工作创新案例（2024 年第 5 期）［M］. 北京：中国工人出版社，2024 年 7 月.

15. 中华全国总工会编著. 全国工会重点工作创新案例（2024 年第 6 期）［M］. 北京：中国工人出版社，2024 年 8 月.

16. 中华全国总工会编著. 全国工会重点工作创新案例（2024 年第 7 期）［M］. 北京：中国工人出版社，2024 年 9 月.

# 后 记

在编纂《中国工运通史 机械冶金建材卷》时，得知20世纪80年代，中国机械冶金建材工会就在职工中开展创造学培训。可惜由于年代久远史料缺乏，未能详述。

2024年，“红旗杯”班组长大赛从机械冶金建材系统赛事升级为全国性赛事。在筹办产业系统赛道的初赛、复赛中，笔者了解到许多企业班组运用TRIZ理论指导创新，在大赛中取得了优异成绩。同时，沈阳市国防工会引进TRIZ理论培训，推进劳模创新工作室建设，取得了显著效果。受此启发，笔者产生了探索TRIZ理论在工会工作创新中系统化应用的构想。

通过学习主流TRIZ理论教材，解析其核心原理与框架，笔者发现该理论与工会创新实践存在深层契合。对照全国总工会发布的“全国工会重点工作创新案例”，可以看出，大量成功经验本质上遵循了TRIZ思维路径，验证了该理论在工会领域的适用性，这一发现坚定了笔者深入研究的信心。研究工作得到了单位领导的大力支持，包括协助完善创新方法论体系，补充奥斯本检核表法与和田十二法的内容，指导完成典型案例亮点分析等，在此致以诚挚的谢意。

鉴于个人学术积累尚待深化，成书时间较为仓促，加之工会工作创新实践持续演进，书中难免存在疏漏与局限。恳请各位读者及专家不吝赐教，批评指正。